纯棉时代·亲爱书系

纯棉母亲

赵婕 著

中国发展出版社

图书在版编目（CIP）数据

纯棉母亲 / 赵婕著. —北京：中国发展出版社，2015.4
（纯棉时代·亲爱书系）

ISBN 978-7-5177-0122-4

Ⅰ.①纯… Ⅱ.①赵… Ⅲ.①家庭教育—文集 Ⅳ.①G78-53

中国版本图书馆CIP数据核字（2015）第050554号

书　　　名：纯棉母亲
著作责任者：赵　婕
出 版 发 行：中国发展出版社
　　　　　　（北京市西城区百万庄大街16号8层　100037）
标 准 书 号：ISBN 978-7-5177-0122-4
经 　销 　者：各地新华书店
印 　刷 　者：北京科信印刷有限公司
开　　　本：880mm × 1230mm　1/32
印　　　张：5.5
字　　　数：84千字
版　　　次：2015年4月第1版
印　　　次：2015年4月第1次印刷
定　　　价：25.00元

联 系 电 话：（010）68990535　68990692
购 书 热 线：（010）68990682　68990686
网 络 订 购：http://zgfzcbs.tmall.com//
网 购 电 话：（010）88333349　68990639
本 社 网 址：http://www.develpress.com.cn
电 子 邮 件：mayinghua158@163.com

序一 母亲的发现

◎ 温儒敏

对于孩子还在上幼儿园或小学的那些父母，对乐于思考生命和情爱的读者，这套书是很"有用"的。

以《立木与宝猪》为例，该书记载了一个年轻母亲对孩子成长每一步的呵护和观察，其中有许多欢喜、慰藉、困扰、苦恼……等于是孩子的成长日志，又是母亲对自身角色的思考。

里边许多"母亲的心得"是鲜活感人的，那些从琐碎平凡的生活中悟得的"道理"，每个母亲都有兴趣，因为她们也可能碰到，感同身受，读了很自然会跟着去反思。

比如，多数父母可能都认为教育主要就意味着学业，家里只是辅助，而本书认为孩子是需要父母恒久费心的，不能依赖学校，想想，如果父母二对一都无力或者无心，怎能指望老师一个人对几十个学生还能耐心有加？

又如，现在整个社会对学校教育好像都不满，孩子对学校的态度也会受影响，可是书中认为既然无法逃避学校教育，就要让孩子信任学校，不一知半解去批评、抵触学校；即使自己所做的和老师的要求有变通，也要尽量让孩子感觉是老师的体系，不让他迷惑。家长要积极去弥补学校教育做不到的那些部分。

现在人们普遍很焦虑，也就常常告诫孩子对于社会要有警惕防范，例如不要和陌生人说话，等等。本书认为这尽管有些必要，但不宜过度，不要让孩子感到压抑，而应当从小给孩子植入"世界欢迎你"的生命密码，让他确信世界的友善。

书中还建议努力培养孩子的阅读爱好，认为这是良性生活方式，除了可以营造心灵的自由，获得智慧，还能让孩子拥有快乐与尊严。

书中提到，要交给孩子自信，呵护他对生命的感觉，这是随时随地的功夫，是暗中送给孩子的昂贵的礼物，没有价钱标签，只有孩子在生命过程中才能不断体悟。

作者说到，爱、害怕、羞愧、力不从心……所有这些，都要让孩子觉得是人性的"权利"，让他放松自己；而认真做事、善意为人、有主见、自立、敢作敢当等等，这些却要严肃训练，耐心引导。

甚至在一些很具体的问题上，作者也有她的建言。比如，提出不要用"脑筋急转弯"一类的问题来训练儿童智力，这样的问题，很多是对人类智力的滥用，是对人类智力的歪曲。等等。

很多人对诸如此类的"道理"未必不知道，但往往不是心不在焉，就是隔岸观火。读这本书，从一个母亲的角度重新去体验这些熟悉的"道理"，可能就有了新的理解，你甚至会突然醒悟：在孩子教育问题上是多么需要智慧。

书中很多"道理"都是从琐屑的生活中观察得来，并不让人感觉"说教"，也不是常见的"鸡汤"，其中会有困扰与问题，也读得到母亲的无力和无奈。书中写到，"过去父母担心孩子撒谎、不勤奋、品质不高尚，从邻居家的果树下捡一个掉下来的果子吃，也许都会挨父母打骂。今天，我们担忧孩子施暴、担忧他们过早的性行为、担忧他们到黄色网页、担忧他们性取向受到误导、担忧他们被毒品侵染……"这些担忧，书中也许只是提出，并未能解决，但已经压在读者的心头，促使大家去思考、探寻。合上这本书，也许我们会更加意识到，当代社会的多元和自由是幸事，但对于孩子的教育来说，也增加了难度。父母总有某种潜在的恐惧，他们怕这种不成熟的多元和自由会形成价值混乱，对于孩子的精神发育可能构成某种威胁。

书中写得最多的是孩子，包括孩子的心理、孩子的游戏、孩子的健康，以及家庭和学校教育、各种成长的困扰，等等，这些事都是人们司空见惯、却又未必留心的，赵婕却细细观察，有她的独特发现，这是"母亲的发现"，可以点亮生活的所有角落，让我们普通的生活突然变得有些陌生，而又那样饶有情趣。

书中除了写孩子，还写作者的双亲。那也是自己"为人母"之后才产生的对于双亲的回忆。这时候所怀念的母爱和父爱，是年轻时期容易忽略而且所难于理解的。也就是所谓"养子才知父母恩"吧。赵婕在叙写中饱蘸着感情，写得那样质朴感人。读完全书，我们体会得到作者把"写孩子"和"写父母"放到一块儿的特别用心。

这本书用的是随笔体，或者札记体，样式却有些特别。一节一节地记，不连贯，没有小说那样的情节线索，但又有贯穿全篇的人物，就是孩子和父母；断断续续的生活叙事中似乎也有不经意的情节，能吸引人读下去，然而全篇都主要是纪实，是纪实性随笔。阅读的魅力还来自那娓娓道来的亲切感，那略带抒情的书卷气，还有女性的细腻笔致，以及在叙事中不时跳脱出来的哲理思索。这一切都在证明赵婕正在探索一种颇有韵味的纪实性随笔。她已经取得了成功。

赵婕到北大读研究生之前，就喜欢写散文，发表过不少作品。几年重理论的学术训练，没有磨掉她的灵性与悟性，却打开了她的视野，她还是一如既往地热衷于创作。和同学们聚会，人人都高谈阔论时，她总是在一旁默默地看着，似乎是局外人，始终在细细地观察和思考。赵婕富于才情，她有特别的敏感和细腻，这也成就了她的作品。这些年她当过互联网白领、出版社编辑、畅销杂志主编，却又频频"跳槽"，原因还是希望能自由地安静地写作。赵婕大概只有在书斋里，在读书和写作时，才最能感受到自己生命的质量。

赵婕已经出版过"纯棉"系列作品，现在再一次用"纯棉"来给新书命名，给人温暖清新的感觉，是母性和女儿性中特有的那种感觉。这位女作家非常享受并持续地表现"女性"，她的风格是温婉典雅的，远远区别于眼下流行的那些做作的"小资"或浅薄的"小清新"，在当下这个过分物质化、以致粗鄙泛滥的时代，赵婕式随笔的出现，显得独特而珍贵。

2015年1月3日于褐石园

（温儒敏，曾任北京大学中文系主任，教授，博士生导师。现任北大语文教育研究所所长，教育部义务教育语文教科书总主编）

序二 "博士妈妈"读"纯棉母亲"

◎ 邵燕君

  赵婕的"纯棉时代·亲爱"系列结集出版,让我为《纯棉母亲》一书作序。见我惶恐,她说,只是希望同为母亲的我说说自己的感慨。突然想起几年前我们曾经一起策划过一本"博士妈妈"的书,希望约请一些"博士妈妈"说出自己的故事。一方面,借此为自己留下纪念;另一方面,也试图以自己的生命经验建构中国当代知识女性的生育文化和亲子文化。或许我们的愚蠢和智慧,挫败和成长,痛悔和幸运,能为仍处于矛盾焦灼中的年轻姐妹们提供某些借鉴参考。当时文章开了个头,后来有什么事情耽搁下来。感谢赵婕,让我有机会把文章写完。

  本书开篇,赵婕写道——"一个女人可以选择不生孩子,并能够保证自己在年老的时候不后悔。一个女人可以选择生孩子,并能够保证自己在年老的时候不后悔。"

  "生还是不生"?我相信这是很多事业型的女性一直纠结的问题,有的人纠结到35岁还悬而未决,殊不知其实到了这种时候，"生得出还是生不出"才是真正的问题。

对于这个问题，我的回答没有赵婕那么均衡。在我看来，生孩子，不需要选择，无论对于男人还是女人。不生孩子才需要选择，尤其对于女人。因为繁衍是所有生命的本能。生命的历史何其漫长，而人类进化的历史并没有多少年，人类能发展到可以选择是否生育的阶段更没有多少年。平时我们在做人时总是要强调个性，尤其在一个男权统治无处不在的社会，女性要想争取一个做"人"的权利，必须敏感地反抗一切男权社会阴险地内化于女人皮肤的"紧身衣"，比如那个被无限夸大的母爱神话，那个排他性的"母性本能"。但在是否生育这个问题上，我们不能矫枉过正。我们是女博士，女学者，事业型女性，但我们首先是人，是女人，是雌性哺乳类。亿万年来自然界的天然法则只需要芸芸众生盲从，不需要说明理由。作为极少数极少数有选择权的人类，如果你选择不生育，却必须给自己充足的理由。但问题在于，有些生命的呼唤是在你30岁的时候听不到的。

以上说法有点近于恫吓了，之所以这么说是因为我和赵婕笔下的"她"一样，曾经麻木不仁。我第一次怀孕是硕士毕业参加工作半年的时候。当时虽是新婚燕尔，但内心深处坚决拒绝"已婚妇女"的身份，一心扑在事业上。所以，当看到怀孕的确诊单时，我唯一的感觉就是"我怎么这么倒霉啊！"这种"倒霉"的情绪是这么强烈，甚至觉得告诉别人这个消息是一种羞耻。至今想来，让我最惊异的还不是自己的少不更事，而是周围人几乎一致的冷漠淡然态度。从我先生、家人，到单位同事、领导，似乎没有人觉得新婚见喜是一件值得庆贺的事，大家都和我一样，觉得刚工作就生孩子简直是太没出息了，把这个突如其来的小生命视为一段必须割去的盲肠。

于是从得知怀孕的那一天开始，"做掉"就是唯一的决定，整个事情一直在向一个方向前进，没有一个声音挽留一下那个无辜的生命。遇到的唯一阻遏，是约做流产手术的时候。医生问我："结婚了吗？"我回答："结了。""是第一次怀孕吗？""是。"她停顿了一下，说："等下周吧，这周都是实习的大学生。"我还想说什么，她意味深长地看了我一眼："你着什么急呀？"我想在中国计划生育的"国策"氛围里，作为一个医生她不能再说什么了。在以后的日子里，她的目光，她的语气不断在我脑海里呈现，我明白了她隐下未说的话是什么："你以为人工流产是一项全无危险的简单手术吗？为什么不珍惜你自己，不珍惜你合法婚姻的头生子？"这样的诘问可能也一直埋藏在我的潜意识里，所以，我一直没有把怀孕的消息告诉生活在乡下的公婆，虽然我知道他们不会以自己的意见影响"有出息"的儿子、儿媳的决定，但还是惧怕他们所代表的"人之常情"。在我们生活的氛围里，这种"人之常情"被一种很坚硬的东西封闭住了。

直到做手术的那天我一直被这样一种坚硬的东西支撑着，当时有一个女孩很害怕，我大手一挥鼓励她："怕什么？伸脖子也是一刀，缩脖子也是一刀。"我就这样一副英雄气概地走上了手术台，像以往无数次走上考场一样。那一阵的疼痛撕心裂肺，绝不是她们骗我说的"可以忍受"。几分钟后，我腹中的胎儿化成了血水。亲爱的宝贝，你就这样离开了麻木不仁的母亲，满怀着寂寞和怨恨。从始至终，我没有掉过一滴眼泪。在我成长的那个年代，女孩子被教育要像男孩子一样有泪不轻弹。这没有什么不好，我至今感谢这样的教育让我有能力做一个"大写的人"。但是那种教育确实忽略了告诉我，女人和男人不一样，女人有做母亲的天性和责任。亲爱的宝贝，我不敢自称是你的母亲，我知道你不可能宽恕我。我只想告诉你，丢弃你是我有生以来所作决定中最愚蠢的、最盲目的，并且是唯一不可追回的。因为，我当时根本不知道我在做什么。从悔恨的那一天起，我开始敬畏老百姓的常识。

报应很快来了。两年之后，仅仅两年之后，我就开始很想要孩子，我以为我准备好了，但孩子却迟迟不来了。后来我才知道这种情况是很常见的，或许是生理问题，但更大的可能是心理问题。我认识的女朋友中就有几个，三十几岁了，还毫不犹豫地做人工流产，几年之后又不惜一切代价地做人工受孕。所以我说要孩子的理由在上帝手里，你不知道什么时候母性突然苏醒，然而，这种事绝对是"少壮不努力，老大徒伤悲"。

又经过两年的日思夜盼，当宝贝终于到来的时候，我感到是上帝的赐福从天而降。中国有句老话叫"不养儿不知父母恩"，如果让我说，我只能说"不养儿不知父母爱"。我不觉得自己对他有什么恩，时至今日仍然强烈地感觉到，他来了就是恩惠了。我的一切付出都不需要回报，因为我那一腔母爱终于有地方泼洒了。那时也正是我们生活最颠簸不定的时候。我随我先生出国，先到新加坡又到美国，国内的工作辞了，在国外又找不到个人发展的空间。"回国还是不回？"是每天不断折磨我的问题。我是一个心事很重的人，特别有长远的"忧患意识"，以致常被乐天派的朋友讥笑"人有远虑，必有近忧"。每一个长远的计划背后都有无数的小计划，但不管如何变化，有一个计划是不变的，就是我们的"B计划"。我的决心很坚定，只要有了宝贝，一切都可以停下来。

特别神奇的是，当宝贝来了以后，我内心立刻变得十分安宁。这安宁不是来自理智的坚定，而是内心的笃定，一副随遇而安、兵来将挡的架势。我想，这是内分泌发生了变化。每天早晨我到海边去散步，海岸上常常空无一人。风平浪静，海阔天空，天地之间只有我和我宝贝，他在我腹中微笑，灿若朝阳。所以，当看到赵婕写的这段话时，我是如此的会心——

"但因初逢的美满，孩子始终是母亲心中的一位贵人。母亲说：'我们是一见钟情的母子，他君临我的生命，是在我念之最切的时刻；我为他准备好自己，也在他念之最切的时刻。没有勉强，不是迁就，两心契合，没有时差，我爱这样的相遇。这是带有爱情品的亲情，抑或是带着亲情品的爱情。'"

以后的故事很漫长，我最想说的一点是，做母亲并没有妨碍我"实现自己"，"母亲的天职"并不是排他性。我在孩子3个月大的时候回国，5个月的时候上考场考博士，11个月的时候断奶去住校——感谢我的父母，从我手中把孩子接下来，让我可以把自己"整托"了（五天住校，周末回家）。我是幸运的，但我相信祖辈的支持在今天的中国并不匮乏，匮乏的是支持母亲继续自我奋斗的文化。

博士的英语班里有一位比我还大几岁的新母亲，我们两个上课最积极。有一次外教表扬我们，我们不约而同地说，那是因为我们的每一分钟时间都是从孩子身边夺来的。三年后，她和我一样留校任教了。有一次我们在未名湖畔相遇，彼此郑重握手，在对方的眼睛中看到敬意。我的论文完成得很从容，当答辩日期临近时，同学们忙得鸡飞狗跳，我还如常带着父母孩子在昆明湖划船。同学们佩服我的潇洒淡定，我跟他们说，那是因为做母亲的没有资格患拖延症。我们做一切事必须提早完成，因为不知道什么时候孩子会生病。如今回忆，我说不清有孩子对我读博士是有影响还是有促进，花时间是必然的，却也使我分外集中。并且，严格执行一周五天工作制，劳逸结合，张弛有度。

当然也有很辛苦甚至痛苦的时候。最难忘的是每个周日临走的时候，我抱着孩子出来，姥姥、姥爷跟在后面。拉开出租车车门，把孩子从怀中撕开的那一刻，我总是不容自己有半分迟疑，果断地对司机说："走。"有时泪水会随着车外的哭声流下来，但也没有过分多愁善感。因为我知道，后面没有路。所以，我还是感谢从小所受的"花木兰"式的教育，那份坚硬虽然在某种程度上曾经压抑了母性的柔软，却也在我身后顶了把枪。否则，有一些关口恐怕是扛不过去的。后来博士论文出版的时候，我在后记中写道："三年来儿子和我的论文一起长大，这本书献给你，亲爱的宝贝，为了那些妈妈不在的日子。"

在某些亲子文化里，这样的经验有可能被夸大为儿童心理创伤。在我看来，如此说法基本是扯淡，至少我的经验如此。儿子今年15岁了，一米八五的个子，虽然经常挨老师批评，但"抗打击能力"超强，给点阳光就灿烂，用他姥姥的话说"这孩子心里跟盛了一兜蜜似的"。我不知道他日后会不会成功，但相信他有强大的幸福能力。他是看了我写的后记才知道小时候妈妈经常要离开他的，虽然会撒娇地说"妈妈抛弃我"，但实际上根本什么都不记得。当然，按照心理学的说法，这也可以解释成深度受伤后的压抑性遗忘，非要这么说我也没办法。

在我看来，现代伦理学、心理学对母爱不可替代性的过度夸大，是以西方核心家庭为基础的。但在中国传统大家庭的生活模式里，老人带孙子是最自然不过的。大人对孩子的爱是有角色分工的：父亲是负责管的，母亲是负责疼的，祖父母是负责宠的，这一切组成"爱"。从现代观念上说，祖辈的宠爱经常被批评，但事实上，那种比母爱更无条件、更无可理喻、更心无旁骛的爱，更是人一生难求的。如果母爱是纯棉，祖父母的爱该算是丝绵吧。一个小孩从小爱TA的人越多，心底的亲情之网越大，就越有安全感。

而且，考虑事情也不能完全以孩子为中心。对于最害怕孤独的现代都市老人来说，有什么比亲手养大孙儿更踏实的幸福呢？这是对他们养育儿女最好的报偿。含饴弄孙，天伦之乐，世世代代的中国人就是用"生"的热闹来抵御"老、病、死"的大恐惧的。我并不是主张应由老人来带孩子，而是反对一些现代育儿理论片面夸大母爱的神话，人为隔断了祖孙情，又限制年轻母亲的发展。

不好意思，话扯远了，母亲总是自恋的，一扯到自己孩子身上就收不回来。回来说"纯棉"。什么是赵婕所谓的"纯棉母亲"呢？看了书中"蓝调"的部分，我想我实在没有资格谈"纯棉母亲"，那是一种"百炼钢化绕指柔"的坚韧。我所理解的"纯棉"很简单，就是一次我给儿子开家长会时听到老师说的一句劝告："多做饭，少说话"——老师的意思是，初三同学们的压力很大，孩子们都很努力，吊儿郎当的也是在做样子。所以，家长不要再给孩子压力，做好后勤工作就可以了。我立刻举一反三，觉得这句大白话里真是包括了所有亲密关系的"纯棉原则"——仅给你爱的人提供物质支持和心理抚慰，而不投射个人欲望和意志。

老实说，这个"纯棉原则"我现在做不到。压力一大我就焦虑不安，对儿子吹毛求疵，甚至歇斯底里。每当这时候，我就庆幸，多亏当年自己考了博士，多亏那会儿不流行什么"全职妈妈"。要是我把顶在自己身后的那把枪顶在孩子头上，那我们娘儿俩还有活路吗？

怀孕时，我曾看到纪伯伦的那首诗《论孩子》，从此记在心里。他诗里说，"孩子经由你，但并不生于你"（They come through you but not from you.），他们有自己的灵魂。他们的灵魂住在明日之宅里，父母不能到达，甚至无力梦想（For their souls dwell in the house of tomorrow, which you can not visit, not even in your dreams.）。又说，如果孩子是箭，父母就是弓。我想，只有父母射出了自己的箭，才能放孩子射向自己的方向。为了让孩子射得更远而拼命弯曲自己，这大概就是"纯棉母亲"吧。

2015年1月26日

（邵燕君，北京大学中文系副教授，当代知名文学评论家）

序三 我的纯棉信仰

◎ 赵　婕

长夜体贴，呵待肌肤，纯棉是至善的。

白昼劳作，随身赋形，纯棉是至善的。

丝绸、锦缎、皮毛、麻绒都试过，自知，纯棉是至善的。

纯棉，随身密贴，浑然包容。如水之上善，刀进刀出，两不伤，水滴石穿，两不弃。

纯棉，真诚坚韧，有质有感。如山之大仁，远之适为容，近之有依傍。

纯棉，真挚素朴，坦然如月映江海，褶皱藏伤，温暖如日耀万物。

纯棉，真实自由，行到水穷处，坐看云起时。

纯棉生活，是清水洗风尘，平鞋走远路。

纯棉原则，是静水流深，平和持久。

纯棉爱情，是今朝两相视，脉脉万重心。

纯棉多情，是还君明珠泪双垂。

纯棉婚姻，是始怜幽竹山窗下，不改清阴待我归。

纯棉友情，是相见亦无事，别来常思君。

纯棉知己，是相看两不厌，唯有敬亭山。

纯棉精神，是云过大海浑无迹，天入名山未觉高。

纯棉关系，是我醉欲眠卿且去，他朝有意抱琴来。

纯棉孤独，是从此无心爱良夜，任他明月下西楼。

纯棉信仰，是倚天照海花无数，流水高山心自知。

纯棉归宿，是晚来天欲雪，能饮一杯无？

目　录

在这…不安的…人间

成为母亲

一个女人可以选择不生孩子，并能够保证自己在年老的时候不后悔。

一个女人可以选择生孩子，并能够保证自己在年老的时候不后悔。

一般地说，女人最终倾向于，幸福根植在家里而不在任何金碧辉煌的公共场所，也不在许诺事业前途的单位。一些因素造就女人之间的新区别在要不要孩子、早要孩子还是晚要孩子等等。就像确信人会死也会活着一样，即使无法保证暮年无悔，要孩子的女人会选择生孩子，不要孩子的女人会选择不生孩子。

有些对孩子没感觉的男人，随着年龄的增长，也会越来越想要一个孩子了。看到伴侣在外面兴致勃勃地工作，自由自在地交往，他似乎不能提出让她暂停的建议。生孩子，毕竟是女人亲力亲为的事情，他只有耐心等待。

某个时刻，某个情景，某件事，一个被工作或野心主宰的妻子，可能忽然做一个决定：成为母亲。恰在那时，她觉得婴儿脸庞柔嫩迷人。

* * *

夜半惊心

有的父母敢以恩人自居，敢于炫耀给了某人一条命，给了某人一世爱。

殊不知，眼睛，不仅用来看，也用来流泪以及暗送秋波。为了克服孤独，也是人缔造儿女的因由。谦卑地想：父母，无法保证鸿毛一样轻微的幸福，却给了儿女泰山一样沉重的人生。

父母曾是孩子，孩子被父母生出来。命运是渔夫，父母是渔夫的网，孩子是网中的鱼。

父母衰朽之年活着，奋力顶住颓墙，父母倒下，永恒的冷风就吹在儿女身上。活着不对，死去也不对；让儿女看着父母死去，不对；让儿女不知父母如何消失，也不对。

在文明的某个阶段，父母对儿女生杀予夺，理所当然。

在观念的某个阶段，"爱你没商量""打是亲骂是爱""都是为你好"，生你养你，让你没遭流产术，没成流浪儿。生儿防老，是防老防病防死。

生老病死，人世四苦都因"生"。

爱到进退无据，可以说不如没有爱过；苦到生死无措，不能说"不如没有生过"。

为了儿女，父母可以卑贱地活着，可以勇敢地死去；忘我之情，孬父母强于好儿女；又不知是怎样的胆大，怎样的肆意，与儿女同甘共苦同病相怜同室相煎。

想起做父母这件事，无人敲门，夜半惊心。

* * *

女性的身体

"自由"的男女随意制造了不自由的孩子，"自由"的医学随意处置不自由的生命。

世界是平的，人们到处发芽而不好生根。

世界是干的，人们到处盘根错节却花果无着。

有生育能力的男女，有生育权的夫妻，考虑孩子的问题之一，是希望不要怀上孩子。担心的事情终于发生了，确定是怀孕了，想都不想就做了人工流产。不慎又怀孕了，也没有多想，又去流产。第三次还是意外怀孕，她被告知可以采取药物流产来中止妊娠。

人工流产，是人工用针筒把胎儿一点一点吸掉。因为担心操作过度，伤害子宫，母体必须以自身的疼痛来"监督"手术，不能麻醉；药物流产，是吃药把胎儿完整地剥离下来，生理上的痛苦小了很多，但还是十分痛苦……如果药物流产失败，还要施行人工刮宫术，这就像分娩顺产失败，再施行剖宫产一样，都是双重的痛，双重的罪。

女人最大的勇敢，可以用来应对身体的痛苦。

如果身边的男性不懂得关心悲悯，她会变得更加勇敢；如果她的命运不够好，她的勇敢还会数倍升级。

在说到孩子就满脸花开的母亲旁边，妻子问丈夫："我们不要孩子可以吗？""可以呀。"他说，"随便你，怎么都行。"

她不再担心难产和传说中的生育痛苦，喜欢自己的生活没必要非得有一个孩子加入，专心解决其他现实问题，继续享受生活更多的可能性，比如加入北上广的时代洪流，成为"漂"一族，"考"一族。

留在故乡的闺蜜都生了孩子。有时候，正在和她们通电话，突然听到孩子的哭声，连一声"再见"都没有，只听电话听筒被慌忙扔下，左等右等都没有人再来续话。她想，女人因为一个孩子而如此不顾友情、不懂礼貌，不要孩子也罢。

有的闺蜜竟然对生孩子上瘾，打算去国外生。那个时候的她，书生气地想：人生难道就只是剩下生孩子这一件事情吗？在公共场合，有母亲理直气壮为孩子抢占座位，她更觉得母爱痴到近乎"无耻"。

她一时不明白，为什么女人一旦成为母亲就很可笑，比恋爱中的女人还发痴。她想，清醒、独立、自由自在才是生命的无价之宝，绝不为了一个孩子放弃这些。她一时欣慰，女性的选择自由越来越多，不愿意做母亲，何时做母亲，有媒体呐喊、伴侣宽容、医学资助、道德容忍。

直到有一天，她自己或者她的配偶忽然动了要一个孩子的念头……

需要请教中医妇科大夫时，她才了解到，无论是人工还是药物终止妊娠，对女性都是身心的重创。

年轻时未曾觉察，流产造成的不育症、子宫疾患以及其他身心损伤，女性无法转嫁，只有自我默默承受，甚至到终老。有些成年女性，因子宫受伤引起病变或紊乱，每来一次例假，就类似分娩一次或者小死一回。每年要"死"十二次左右，占据一年时间四分之一，其余时间就是与贫血的虚弱相伴。严重时，认医院为家、医生为亲，稍微缓解，工作生活一波波涌来。有些人实在不堪其苦，就干脆切除子宫，引起的紊乱和其他痛苦，又接踵而至。

如果这样的女性，是一位母亲，她何来快乐？她不快乐，其伴侣何来快乐？其孩子何来幸福？

从十二三岁开始，初潮，在女人身上发源了一条河。

这条鲜血的河，要在女人这块土地上流淌四十年，决堤与修堤五百次。至于爱情，就和痛经一样，让女人痛得打滚，泪流成河。

林黛玉泪尽而逝，王熙凤血崩而死。女人的血和泪，性命攸关。

女性的身体是泥土，精神是水源。土可生育，水可蓄养，水土需要保持。

　　一般的父母，知道让孩子注意生命安全。女孩如何在性和身体方面自我保护，某些阶段和阶层，大量的父母都是无知、不作为，甚至反作为的。同样背景下长大的男孩子，也并不知道在性过程、性后果方面如何体贴女性。

　　现实条件的局促、社会环境的压力，男女双方难以抑制的临时激情；男人难以避免的无知、本位立场；在爱中失去理智的女性不由自主的迁就、迎合、献身，给女性造成的最大损伤，除了传染性绝症，恐怕就是无法正常完成的怀孕生育，对其造成的身心创痛。

　　爱情会过去，婚姻会变味，关系会终止。

　　时过境迁。时候一到，女性的身体，成为代价的人质，要赎回健康的身体，天价赎金，是一个支离破碎的女人在孤独筹措。

　　不乏这样的女士，结婚之后，条件不允，怀孕终止。等到育龄最后期限，被催着要孩子的时候，才知流产伤了子宫，终身不育了。

配偶与之离婚，为了迎新，还刻意多占家产。不出半年，男人结婚生子，十几年后，其少女亭亭玉立，其前妻孤身如昔。那些因为流产或者婚姻生活不幸得了情志病的女性，在各处妇科求治，即使没有伴侣体贴，倘若还能保持婚姻，似乎都是女性值得庆幸的结局了。

注定要担当"母之天职"的女性，其彻骨痛楚是：不能做母亲的时候，有了孩子；想做母亲的时候，不能做母亲。做母亲，主动或被动不做母亲，对于女性，都比男人更多承受，更多风险。

男性世界危险磅礴，男人自有其在澎湃天地血肉相搏的不幸与孤独。

在这个周瑜打黄盖的时代，试图在男人的狩猎场边跳爱情芭蕾的女人，要小心自己的血肉之躯，不被利箭或野兽的犄角刺穿。

* * *

身内之人

不再喜欢穿得少而俏，更小心冷暖舒适，不畏臃肿难看，是多数女性怀孕的一年和养育孩子的头两年。怀孕的一年，女人的身体是胎儿的身体；母乳喂养的头一年，女人的身体是婴儿的身体；孩子不满两岁的一年，女人的身体是幼儿的身体；古人说，在孩子满七岁之前，母亲与孩子，还是形离而神连的。

与孩子的紧密联系，使母亲害怕感冒，害怕生任何病。除了吃饭要注意的种种，穿衣成了束缚。随时随地，备一件衣服在手边，担心疏忽让自己着凉。即使本性嫌首饰束缚，嫌带雨伞比淋雨难受，她也可能成为一个"装在套子里的人"。

摆脱备用衣服的人生状态，或许成为渴望。

时间可以让习惯成自然，处处小心翼翼，也得到防微杜渐的种种好处，甚至被小心行事这种心态贿赂了。

深海潜水适合比方生孩子这件事情。

女性孕育生养孩子的头三年，如同穿上潜水服，戴上潜水镜和氧气面罩，全副武装，告别海岸，尽情下沉。在探险中，她看到奇异风光，感知一个全新世界，体验肉体疼痛的极限，体会意外惊吓的错乱。

当她重新回到岸上，继续拥有曾经拥有的一切，她已经不是那个停留在岸上的人了。

女人的衣柜里总有几件还算称心的昂贵的衣服，得自馈赠或者偶然的自遇。这几样物品，可能因为莫名其妙的粗心，或者长时间的使用，不再是它们原来的样子。如果一直把它们留在身边，和那些早已失去的爱物一样，会时不时地挫磨着她的心情。肌肤相亲过的物品，无论以哪种方式来存在于她的生命时空，给她用度，又给她不安。

做母亲的心情就是这样，己身所出的孩子不是身外之物，是绝对的身内之人。不是吗？即使是倚天独尊的皇帝，在女人那里，也不过"登堂"而已，孩子，才是绝对的"入室"之人。

对于女人这座宫殿，孩子与男人，无论出之、进之，得之、失之，爱之、恨之，教之、伤之，忠之、叛之，都是一种痛楚。

* * *

母爱权势

英国首相布莱尔的夫人是四个孩子的母亲，也是一位年薪25万英镑的律师。她自豪地说："我以一个女儿的身份开始了我的生活，现在我是某个人的妻子，所以我会以母亲的身份来结束我的一生。"

不知女性是否期待，或者男性也期待，布莱尔首相的前任撒切尔夫人的丈夫说："我以一个儿子的身份开始了我的生活，现在我是某个人的丈夫，所以我会以父亲的身份来结束我的一生。"

撒切尔夫人会给丈夫做饭，给她加五分；如果布莱尔给夫人做饭，也给他加五分。

"征服"过尼采、里尔克、弗洛伊德等天才的莎乐美，在年轻的时候似乎是故意破坏了她唯一的一次怀孕，她要追求更多的、似乎更高级的东西。

后来，她说："如果一个女人不能体验做母亲的滋味，那她就得不到人生最有价值的部分，这一点是毫无疑问的。"伍尔夫说："绝不要假意装着你没有得到的东西是不值得获取的……譬如说，绝不要假意装着孩子可以由其他东西来替代。"

是否有人不必上山就绝知自己喜欢山脚胜过山顶？

他是否需要登顶一次？

莎乐美和伍尔夫绝非凡女，她们要的是"一切"，不是孩子，也不是互相替代的东西。直到她们和凡人一样意识到，人生就是顾此失彼的时候，才说起和凡人一样的话来。

卡耐基夫人说："女性首先要乐于做一个母亲，才能和男性达成一种重要的关系。同时必须尊重女性的基本功能，承认母亲在人类生活中担任着特殊角色这个生物学上的事实。"

罗素说："早已发觉做父母的幸福大于我所经历过的任何幸福。我相信，当环境诱使男人或女人舍弃这种幸福时，必定留下一种非常深刻的需要没有得到满足，而这又引起一种愤懑和倦怠，其原因往往不为人知。要今生幸福，尤其在青春年华流逝之后，一个人必须觉得自己不仅仅是来日无多的孤单者，而且是生命之河的一部分，发源于最初的细胞，不停地流向遥远而无人知晓的未来。"

　　一般地说，文明的某个阶段，母亲用孩子和生命建立关系，父亲用孩子与历史长河建立关系。母亲爱孩子，男人爱历史。

＊　＊　＊

有些孩子

有些孩子，是父母亲密一次的结果，缔造的细节被隐秘记忆，就像亲手从花园里采摘一枝长梗玫瑰，留有那整个花园的模样，记得微风轻抚面颊，阳光穿过睫毛。

这与那些不知哪一次亲密得到孩子的父母拥有的神秘感颇为不同。

父母之路好事多磨，艰辛曲折，但因初逢的美满，孩子始终是母亲心中的一位贵人。

母亲说："我们是一见钟情的母子，他君临我的生命，是在我念之最切的时刻；我为他准备好自己，也在他念之最切的时刻。没有勉强，不是迁就，两心契合，没有时差，我爱这样的相遇。这是带有爱情品的亲情，抑或是带着亲情品的爱情。"

母子早已为彼此存在。母子都是对方的礼物，最好的礼物，就这样轻而易举得到了，如此安然，如此理所当然。

* * *

仿佛经历秘密恋情

美好的事物需要隐藏。艰难的事物需要暗中培植。过度珍视的心境让某些人沉默不语。

有些父母愿意更长时间暗享有了孩子的秘密，就像少年时代隐藏初恋一样。或者因为是两个人的事情，男人更加深沉，伴侣就尊重他的意见，克制与人分享惊喜的心情，默默体会自己身体里有了一个孩子的感觉。

最初，只是心理感觉。女人感觉不到身体的多少变化。

* * *

母体与孩子

妊娠反应奇奇怪怪，有人的鼻子变得极为灵敏，也许把日常的气味放大了百倍不止。超市、自来水、厨房、衣柜，到处都是以前从未觉察的气味，会破案的警犬恐怕也不过如此。一旦生下孩子，就恢复了对环境气味的正常感觉。

当时并不知道这是怎么一回事，以为不过是一种第三方的力量作用于自己了。

等到孩子逐渐长大，才发现，他的嗅觉非常灵敏。他喜欢单一烹调的食物，喜欢餐具与单一食物对应，稍微夹杂，他就挑剔气味的混乱。原来，孕期母亲对气味的敏感，是因孩子的嗅觉。同样，母亲生物钟发生变化，也是孩子的节律在控制她。母亲的一切固然在影响胎儿，正在形成人形的生命胚胎，也早已控制了母体，让她呕吐，让她恶心，让她凌晨早醒，同时改写的还有她的精神状态。

不同母体与孩子，互动方式有异，母亲的感受有异。母子间，任何旁人无从介入的二位一体的回忆，都一样神秘，令人伤感。

她撕裂身体生下孩子，她不断与之发生新的分离，最终，把孩子留于斯世，她撒手先去。颓败的躯体，废弃的子宫，随她而消失，留在人间的孩子，再没有真正的故乡。

＊　＊　＊

细枝末节的甘露

买了几本书，从书店出来，站在路边，等人来接。下起雨来，身边走过很多人，看看她，又走了。一位中年女士走过来，问她是否怀孕了，要去哪里，需要帮忙提书吗，她奇怪自己尚在隐藏中的孕相如何能被看出来，那位女士说，怀孕的女人和恋爱中的女人一样，有一种特别的气氛，过来人看得出来。

怀孕初期，女性过来人因为觉察而帮助她，到中后期孕相明显时，无论男女老少，都帮助她。对生育有认知的男性女性，给予她的呵护，通过出让一个座位，上下车扶一把，狭路时让一步等细枝末节，把一种甘露般的温柔传递给她，和腹中之子。

生育过的女性之间的相通，令她体验人与人之间深刻的共同经历所产生的亲密体认与互助。她也逐渐默会到人在各种情形下的软弱和困境，有了更多弱小者的视觉。

* * *

流泪

去做例行体检。测胎心的多普勒心脏仪出了故障。怀孕后期了，大夫觉得需要格外谨慎。让她去做B超，看看胎儿的情形。

B超对胎儿真的没有什么副作用？想了想，还是去了。彩超比黑白B超看得更清楚，还可以留一张孩子的B超照片做纪念。

一会儿，宝宝的照片出来了。看到了他细细的小胳膊横在鼻子前面，看到了他深深的眼睛的轮廓，看到了他大大的脑袋的轮廓。妊娠反应和胎动都只是让她"感觉"到他，现在她"看见"她的宝宝了，第一次眼见为实了。

在回家路上，她反复凝视儿子的轮廓照。和她无数次经过那条路不一样，她想，我和我的儿子，在回家路上。也想到她的伴侣，想到他有了儿子。想到将来，她和伴侣都老了的时候，家里有一个年轻英俊的男人，以及他会把另外一个女子变成家人。她的心情就像那天的道路那样流畅，眼泪从她独自微笑的脸上流了下来。

泪眼模糊，回到家里，发现洗手池前的镜子里，她的笑容一直定格在脸上，温水沐浴之后，她的神经和脸才从幸福中松弛下来。

* * *

性别

越来越邻近预产期，她知道，接下来会比怀孕时期更不方便。身边没有老人亲戚帮忙，伴侣也不善于照应，要在自己坐月子之前尽可能安排完备母子日用所需，包括婴儿穿的衣服。她想尽早知道孩子的性别。

彩超大夫与她闲聊，她说了自己的年龄、教育背景、背水一战要得到孩子的情况，说她没有性别偏见，因大家庭男孩多，女孩少，甚至更喜欢女孩，已给孩子买了不少漂亮的裙子，到孩子几岁穿都有了……医生突然打断她说：别买裙子了，用不着。

她说："感谢你。"拿着儿子那张彩超轮廓照片，她们心照不宣地告别了。

当她听到不需再买裙子时，她觉得最想要的就是男孩。如果大夫说，好，你继续买裙子，她也许又会觉得最想要的就是女孩吧。

孩子的性别，她只是告诉了孩子爸爸一个人，秘密保守到孩子出生。

* * *

全人类与个体

2001年9月11日晚，在去医院的路上，她尽量把自己笨重的身体，倚靠在伴侣胳膊上。世贸双子塔在恐怖袭击中坍塌了。这个消息，仿佛陡然加重了她身体的重量。

周围的灯光给她一种虚幻之感。这种感觉在她八岁时候出现过。

那是1976年9月9日夜里，她从外面玩耍回到家里，祖母告诉她毛主席去世了，祖母的悲痛，使得乡下天空的圆月在她眼里，头一次变得生疏。

产前阵痛让她暂忘了这件刚刚发生的恐怖事件，阵痛平息间隙，她又想起这件事。这是儿子的世界，这是他的世纪……宫缩的乏力、产道打开的缓慢、阵痛的疯狂，把她对全人类苦难的惦念覆盖在对切身苦痛的专注之下。

她更紧地抓住身畔的伴侣。亲人相依为命的感觉，一遍一遍涌上心头。

嫁给这个男人的核心想象是，如果她和他一起掉进海里，她相信，他会奋力救她，绝不会抛下她。不仅是他的爱，他有足够的智慧想出奇妙的办法，把她和他都捞上岸。

她的安全感，建立在对他的爱与智慧的坚信之上。

她的婚姻，并不完美，有时也让她和他痛不欲生，但她的安全感始终存在。就像这个世界，从不完美，常常发生痛心疾首的事情，她也尚觉安全。

安全感，是她在这个世界的第一需要。对于她的孩子，安全感，也是第一需要。

已经精疲力尽。孩子的头出来了，助产士告诉她，快结束了，再使一把劲就好了。她觉得产床变得浩大，连接着世界的门槛，她闭着眼睛许愿："孩子，我们的世界，你的世纪，不要战、乱、惑，中国要富盛文雅，世界要和平安全，地球要安然无恙，你要健全健康……"

孩子来到人间，哇哇应答她的祈福，她身空心静，晕了过去。

* * *

骑虎难下

怀孕后期，为了防止胎儿过大，她开始控制饮食，多吃蛋白质丰富的花生等食物，少吃碳水化合物。为了顺产，调整胎位，总朝着一个方向睡觉，沉重的身体感到吃力。对于急性子孕妇，耐心有点不够用了。生育关口越来越近，既盼望又紧张，感觉骑虎难下。

总是去翻看生育指南，查看临产征兆，和自己的身体感觉做详细对比。腹部终于有了隐痛的感觉，最担心提前破了羊水。没有电梯，如何下楼？去医院的路上堵车怎么办？教会保姆如何打急救电话，怎么应急处理，保证孩子安全。按产前培训班的笔记清单收拾好住院要的一切东西，进入了随时可以拎包走人的状态。

* * *

产房

　　某天，宫缩厉害，对照了一下书，是去医院的时候了。

　　住进了六个床位的大病房。太疼，只能跪在床上，她的伴侣不停地给她按摩。其他孕妇也都呻吟不止，似乎无人能够入睡。

　　七十二小时之后，进了产房，以为一会儿就生完了。和伴侣在门边道别，换上拖鞋。再往里走，又看到五六个孕妇躺在产房里。里面环境安静多了，除了医生护士和孕妇，没有任何其他人了。她被安排在单间，换好上衣，滴注药液。

　　身边无人陪伴，总担心护士把她忘了。疼得很厉害的时候，大声叫，护士就会来关心。吃巧克力补充能量。过去了一个上午，午饭是一小碗牛肉饭，疼得手发抖，把勺子送到嘴边很困难，牙床也发抖，咀嚼很慢，脑子混沌一片，试图集中精力决定是否把红包给助产的医生和护士，最后没有力气做这件事情了，就任其自然不去想这个问题了。

* * *

产床

叫她上产床了。上衣被痛出来的汗水泪水浸透了，来不及得到一件干爽的衣服，来不及带上眼镜，她赤身裸体被扶上了产床。躺在那里，她把自己交给了命运。

另外一张产床上，新母亲风平浪静，她的旁边是刚刚包裹好的婴儿。她鼓励她说，一会儿就好了，坚强一点。似乎不是一会儿就好的事情。担心很久的羊水没有破裂，医生帮她刺破了羊水来润滑产道。孩子总是不出来。

被告知不断深呼吸用力气。也许是阵痛时候的哭叫耗费，到产床上用过几次力之后，她就没有任何力气了。医生也疲惫了吧。她们停了下来，到另外一张产床上去看另外一位孕妇去了。她十分惊恐，担心她的孩子被窒息。

她说："你们帮帮我吧。"

她们回来了。其中一位用力来压她的腹部，一边帮助她，一边抱怨："自己要用力，都要我们来帮，我们就累死了。"真的需要她们的帮助，马上，她感到身体通了，听见了孩子低沉的哭声。

医生叫她的名字，她答应了。医生说是个儿子，并且要她重复这句话来确认，她重复说"儿子"。医生又把孩子举起，让母亲看，她没有戴眼镜，没有看清儿子带着脐带和血水的样子。医生告诉她，孩子脸色发紫，要送去观察室。

* * *

凝视

她和所有刚做了母亲的人一样，对初生的孩子怎么也看不够，总在凝视睡眠状态的小宝宝，奇妙的满足感无法言说。

伤口疼痛，乳房胀满，人虚弱，孩子和自己的身体分离，安全着陆，空旷的安宁感在血液中静静奔流。

在大病房，每个婴儿都有亲人陆续来看望。有点不情愿把自己对孩子的痴心喜爱暴露在众人面前。除了理直气壮凝视孩子之外，她总是借着给孩子换尿布、整理摇篮、配合护士给孩子体检、给孩子喂奶等各种机会深深地凝视孩子，沉醉于不可思议的感觉之中。

那个时候，觉得自己以母亲的方式成了芸芸众生中的一员，没有任何超脱之处，只是堕入了母爱的俗套之中；另一方面又觉得自己比任何时候都不同，因创造了一个生命，感到自己成了一个真正被"加强"的人。

* * *

乳汁

房间里的六位产妇，三位自然分娩，三位剖腹产。

剖腹产母亲，都躺在床上打吊瓶。她是自然分娩，很快在屋子里走来走去，奶水也很快就来了。她的儿子吃奶很斯文，多余的乳汁把乳房涨得像石块一样硬，用吸奶器，也十分困难，疼痛难忍。请伴侣帮忙、用了热敷等各种方法，终于让乳房畅通，避免了乳腺炎。

其他几位母亲都没有奶水，祖辈希望孙子能分享她的乳汁，婴儿的母亲们不愿意。

* * *

伴侣

在产房独自熬过紧张期待的九个小时，伴侣在产房外，一直担心是否会永远失去她。

产后的伤口疼痛是一件极为难堪的事情。

疼痛以及担心撕裂伤口，上洗手间成了艰难之事。伴侣就像给孩子把尿那样把她小心抱起来，帮她完成。那是一幅极衰之年的景象。

生育，让她预习了人生盛年之外的种种软弱无助，理解了相亲相爱的人之间建立稳固互助关系的价值。

小时候看过寒号鸟的故事。寒号鸟是温暖季节伟大的及时行乐派，嘲笑那些为冬天做准备的动物，到了冬天，它竟冻饿而死。

似乎到了养兵千日用兵一时的时候，伴侣专注的体贴令她惊奇。平常日子，罕见他的温柔。

人间势单力薄的男女，因结盟互助，获得了一种最扎实的方式，问心无愧地过上普通人一份可以踏实延续的生活。

拥有一般人拥有的一个家，老老实实的婚姻伴侣，寄予几多期待的孩子；也尽到一般人能尽到的责任——赡养父母，善待兄弟姐妹和朋友。

一个孩子，给爱情增添了亲情，伴侣，从热恋变成了深爱。

* * *

女友

做了五年母亲的女友说会陪伴她分娩，这个诺言安抚了她的孕程。

预产期提前了两天，她进产房的时间，正是女友在三千里外的火车站过检票口的时间。要安顿好一切，从自己的生活里拨出半个月陪伴她坐月子，女友做了细致的统筹。

女友让精疲力竭的新爸爸回家休息，在医院利落能干地照看婴儿，她也放心地睡了一夜。事后，多次想起美丽的女友，坐在婴儿的摇篮边替她守夜的情形。

女友有了感冒的迹象，怕传染产妇和婴儿，她悄悄找了好几种药，全部吃下去，就把感冒都压住了。这些是很久以后在闲聊中才知道的。

* * *

回家

自然分娩，顺产，不需要像剖腹产母亲那样要住院一星期，她三天后就可以回家了。

办完了孩子的出生证和出院手续。她看到出生证上，儿子的体重是3650千克，体长51公分，婴儿的称呼由"146床"变成了某某某。

保姆送来了婴儿的抱毯、她的大衣、围巾、帽子，穿戴仔细，一会儿，就站在医院门口。孩子，她深深地抱在怀里。几天时间，跨越的未知，令她觉得恍惚。

一辆崭新的绿色出租车停在身边。上了车，在白雪飘飘的日子回家。一个崭新洁白的世界。对于自己家，仿佛是第一次要去拜访新居的感觉。

车像海豹游水，很快就到了她家单元门口。出租车先生，未经请求，默默把车调了头，把右边的车门对准了她家楼门。打开车门，她只需一步就可以跨进楼道，不让孩子受到一点雪风。她给了一张崭新的粉红人民币，谢谢司机，请他不必找零了。

* * *

保姆

从心理学角度说，一个人不适合同时应对几种新的变化。对新妈妈如此，对于保姆也如此。当一个孩子降生的时候，母亲面临了自己新的身份和与这个新生儿的关系，不适合面对一个需要很多磨合与培训的保姆。保姆也是如此，她的任务是帮助照看婴儿和产妇，临时来熟悉一个新的家庭、社区和城市，有很多挑战。

保姆适合在主妇怀孕的时候就到家里。可以为养家的男主人减轻照顾孕妇的负担，让孕婴饮食营养有保障，不受家务劳累。经过开始的相处磨合，保姆与孕妇从容熟悉彼此，为孩子的出生共同做准备。几个月的共同期待，保姆和没有出生的孩子先建立了感情，利于她承担孩子出生后繁重的工作。

* * *

一岁妈妈零岁爸爸

女人和男人即使没有人和大猩猩的区别那么大，各自大显身手的领域实在不同。

在推动社会进步、贡献思想、挑起战争方面，男人发挥的作用我们不会否认，在人类繁衍、家族传承、搬弄是非方面，女性却是起了更大的作用。

在生育孩子这件事上，女性的担当恐怕是当仁不让的吧。当孩子在准妈妈的身体里天天长大的时候，养家活口的责任感也在准爸爸的心里天天长大。女性既要看到自己沉甸甸的身体，也要感知伴侣沉甸甸的心。在孕育孩子这份辛苦的幸福中，其实都在用自己的方式各司其职呢。

孩子出生之后，多数新爸爸都不善于表达感情，也不善于照顾新妈妈，事业工作中一大堆事情更是让男人显得心不在焉，女性恰恰处在第一阶段的苦乐顺逆中。

孩子是在母亲的身体里长大的，当孩子出生的时候，新妈妈已经一岁了，而新爸爸因生理的隔膜，才从零岁起步呢。做妻子的要耐心引导丈夫进入他做父亲的角色中来，对他开始表现不够出色，要倍加体谅，保护他跃跃欲试的热情，不断调动他的积极性。

女性有了扶持生命的自豪感，有了舍我其谁的心态，反而能够更加愉快地承担责任，享受做母亲的辛苦和快乐，也带领新爸爸愉快地成长起来，他们也会有更加甜蜜的心境去为妻和子谋取更美好的生活。

种瓜得瓜，种豆得豆，回报比任何索取都尊贵舒适。这样的尊贵舒适，也属于孩子。无论如何，母亲是孩子的第一靠山。炉火纯青的成熟，是女性给孩子最贴切的礼物。

＊　＊　＊

亲戚长辈

告诉孩子什么是伯父姑母、舅舅姨妈，什么是堂表姑侄。

生命由大海浮舟变成连绵群山。

孩子病了，正要去医院，在楼道里遇到邻居，一对退休的儿科大夫，帮忙听一听孩子的肺，说没有问题，从药店买几样小药一吃就好了，不用去医院了。楼下晒太阳的老太太说孩子"有疾有疾"。母亲就带孩子去医院，孩子果然贫血。远离自己的父母，社区长辈漫长一生见多识广，一句提醒就是很大的帮忙。

* * *

狡兔三窟

完成好的教育、结婚生子、重返职场，女性的人生就这样展现出来：独立的自己，踏实的家，得心应手的工作。

丰盈的女性人生，要家、要孩子、要职业、要朋友、要见识才情、要个性风韵，这些东西合起来才有一个真正的"自己"。

人生的每一种可能，都是尊严与自我的土壤。东边不亮西边亮，避免孤注一掷的生活，保全人生的自由自在。

婚姻、孩子和爱情是最符合女人天性的事情。婚姻，是女人风雨无阻的归宿；孩子，给女人踏实的未来；爱情，让生命获得深刻满足。

摸摸孩子，人老珠黄也不再那么令人畏惧；看看婚姻，人世变迁也不再那么惶惑；想想爱情，人生悲苦也不觉过分漫长。

＊　＊　＊

自我

　　没有胎儿期和婴儿早期的记忆，亲自缔造一个生命来了解自己生命起点处缺失的一环。

　　从亲爱的孩子身上，父母看到柔弱者那催人泪下的一面，加重同情心，体验无怨无悔的奉献。天文望远镜后面有宇宙奇妙，父母看见了通过孩子才能看到的人生。

　　自我是一朵花。当其单独存在，它是一个小小的花苞。

　　花的使命是全然绽放，花的终极是果实芬芳。孩子，带给父母内心的踏实、满足，和对遥远的期待。

　　生育不只是给父母一个孩子，它给一种新眼光来刷新人生，开拓诸多新领域的物质与精神，激发生命中特殊的能量。

　　孩子，是早晨的东方升起了一轮太阳，跟随的是太阳照亮的万物。

＊　＊　＊

对于母亲

　　某天开始，某个女人逐渐消失。两年左右，当她重出江湖，从里到外已被置换。她有了新的电子邮箱，涉及的数字可能是孩子的出生年月日；她有了新的名字，新的定语，比如"豆豆妈"之类。她去买衣服，一向素雅简洁的她，会青睐有饰带的鲜艳衣服，让怀抱中的孩子感到悦目，可以扯玩。

　　好莱坞大明星做了妈妈后说："做了母亲，无疑自己更有活力和效率了，但就是精力不够用，你得拼命干，然后，扔下一切，回到家里，做一个奶妈。"

　　杜拉斯曾对她的闺中女友讲述过一个电影镜头："分娩后，母亲带着孩子坐的士回家，她看看马路。人们觉得她是在看另外一个世界，那是她的孩子将要生活的世界。"

　　邓肯感叹女人在生育中所忍受的"残暴的宰割"："为了获得母亲的荣耀，我们付出了多大的代价呀！"

她曾经远离没有完全断奶的孩子去跳舞，不断用吸奶器往外吸奶水，不停地掉眼泪，在跳舞的时候，奶水常常溢出来，顺着舞衣往下流。她得了乳腺炎，后来晕倒在舞台上，她叹息："女人要想干一番事业太难了。"

把一岁的孩子放在老家外出打工的保姆，长时间被乳腺炎折磨。据说，美国有一个地方曾经放牧着很多奶牛，因世界大战爆发，没有人挤奶，所有的奶牛因乳房肿胀而死，那片土地因为死去的奶牛变成了沃野。

林肯曾说："我现在所拥有的一切和我憧憬的未来都归功于我天使般的母亲。"

儿子赞美母亲的时候，是"天使""伟大"这些飘逸、唯美、庄重、高贵的词语。对于母亲，她的桂冠也是由"痛苦""失落""肿胀的乳房""尴尬"这样的词语编织而成的。

* * *

第一个五年

　　生养孩子的第一个五年，保姆、孩子一起来，家里人口至少翻倍，也被幼儿的各项事务挤得满满：新鲜、惊奇、享受、劳累、痛苦、意外打击。做母亲，就像腊梅开在冬日，又美又香，雪压霜欺也体味。慢慢，孩子大了，幼儿园适应了，保姆走了，家成为"自己的"家，就像春天的气温适合脱下棉袄，重新花枝招展。

　　五年母亲，就像小学生到了高年级，还是有做不完的习题和大考小考，毕竟，不用一笔一划学写字了。

＊　＊　＊

子在巢中

瑞士是世界上最爱和平的国家之一。据说，为了和平的传统，瑞士每届政府执政的女性人数必须有三分之一。因深具母性和生命贴得最紧密，女性最爱生命与和平，这个国家依赖女性的天性和理性来保持和平的源泉。

女性拒绝一切天灾人祸，母亲喜欢世界和平安详。

2003年，北京"非典"。一位母亲的生活开始于早上6点。

孩子在她的怀里吃了两片饼干，饼干渣掉满她衣服的下摆。给他喂牛奶，给他读诗："莫道群生性命微，一般骨肉一般皮。劝君莫打枝头鸟，子在巢中望母归。"

有事去单位。见到同事们，格外高兴，大家都小心翼翼保持说话距离。下班去超市挑选不要有一点疤痕的水果，她心里掠过一丝害怕。她不相信除了自己之外，谁能为自己的孩子付出更多更好。走过货架，她想起中学语文课背诵过的句子："当暴风雨来临的时候，海燕是无所畏惧的，只有胆小的企鹅躲在岩石下面。"

带着一个幼小的生命在人间，母亲只有无所畏惧，又谨小慎微，在平安的日子如此，在非常的日子更是如此。

晚间电视里的"非典"疫情报告，一位女护士，说起家中一岁的孩子，别过脸流泪。她也别过脸，凝视在伴侣怀中熟睡的孩子。去单位一次，回到家里，和孩子就有几天隔离。

＊　＊　＊

去日苦多

多数时候，她五点钟起床，穿越大半个北京城，和少数早起的人为伍，享受空旷的车厢，七点钟左右到办公室，路途上除了转两三次车外还有半个小时的步行。

她把上班的步行当成锻炼。

有时候，她会独自微笑，她喜欢重返职场的新工作，喜欢在孩子梦中开始每一天。

她把所有的加班安排在早晨，等到同事们九点到办公室，她已很从容。她需要尽量准时下班，孩子的作息决定了她的时间表。每天，她要争取到给孩子喂一顿饭的机会，还要陪他看五分钟"天线宝宝"，还要有时间抱着他，和他做游戏。

下午五六点钟离开办公室，回到家里就到八点左右了。

在小区门口就跑起来，上楼梯也会跑。到四楼，就听到五楼客厅里儿子的声音了。迅速脱外套，松开鞋子的拉链或者带子，找钥匙，把挎包从肩上取下来。然后，打开家门，在抽取钥匙的那一瞬间，呼唤儿子。他立刻笑着或者哭着奔过来。

　　她一边和他说话，一边扔下包和外套，蹭掉鞋子，直奔洗手间，洗手洗脸，罩一件干净的外套，把跟在身边一直伸着手等抱的儿子抱起来。

　　心理和动作上所有的节奏，慢下来，祥和起来，儿子和妈妈在一起了，妈妈和儿子在一起了。一天仅有的两个小时，享受的两个小时、补偿的两个小时、可以继续欠债的两个小时。

　　睡前陪他洗澡，把他搁到梦乡里，也完成自己二十四小时生活的圆圈，日子从儿子的梦开始时告一段落，随即她也进入梦里。

　　因为孩子，常常想起曹诗："对酒当歌，人生几何？譬如朝露，去日苦多……周公吐哺，天下归心。"曹操自有他称王称霸的心胸与感怀，她呢？当她奔波时，为口粮，为内心不灭的火星，这奔波，尚可停息，有了孩子，人生还是朝露，但再也非一朝一夕之朝露。周公要天下，把吃到嘴里的肉吐出来，立刻去迎接人才。周公归心天下的大情怀，就是母亲爱子的日常小情怀。

* * *

天长路远横飞苦

　　孩子已经习惯了妈妈早上先于他起床离家上班，以便错过交通高峰。

　　一天早上他问："妈妈，你为什么那么远？"

　　"天长路远横飞苦"，这个四岁孩子说。

　　在他一岁半前后，她离家时是五点钟，孩子还没有醒来。她对他只是留恋和牵挂。三四岁时，孩子的交流，留给她在路上咀嚼的言语。任何两个人，即使亲如母子，如果没有呼应与交融，都只是一种单方面的爱，这种爱，终成无源之水。

　　母亲的安慰是，孩子从腹中的踢腾，到给予母亲言语的芬芳、动作的甘醇，爱的长河终于浩浩荡荡。

　　有些艰难的爱情也是如此，忍辱负重，取长远的眼光。

　　在这个世界上，女人总是有出路的，在任何一种探索上，她都可以借鉴母性的力量。母性的本能就是不计得失、无所谓荣辱地付出，"凡事包容，凡事相信，凡事盼望，凡事忍耐"。母性也需要一种明智或者直觉去体察自己爱的对象，并用恰当的方式去爱这个对象。母性的力量也是一种命运的力量。"所谓命运，就是穿越荣辱穿越生生死死的过程"，"爱是恒久忍耐又有恩慈"。

悲剧的主人公是在逃避命运的过程中堕入了宿命，母性的幸福却是在纵身奉献拒绝索取的过程中开花结果。

* * *

他的好妈妈

上学路上，她问孩子："你的作文，只是写到了妈妈有时候是坏妈妈，有时候是好妈妈，并没有说究竟为什么。我好奇，请你告诉我具体一点。"

孩子说，具体讲，现在是好妈妈——他指我这样送他上学，和他温和地聊天。又说，下班回家晚就是坏妈妈。

她说，送了他上学，到单位就比较晚。对于他来说，她是好妈妈，对于单位说，她是不是好员工？他说，不是。但是，他只管她是不是他的好妈妈。

她说："你说得有道理。不过，再想一想，我除了是你的妈妈，还是别的什么？我是不是只是你的妈妈？"

他说，不是，你有很多身份。

她说，这就对了。妈妈需要平衡这些。一件事，一个人，从不同的角度和不同的出发点，得到的评价是不一样的。以后，我们尽量不要只用"好"和"坏"来说一个人或一件事，好吗？比如，你可以认为妈妈是一个复杂的妈妈。你可以写，有时候，妈妈……有时候，妈妈……有时候，妈妈……

* * *

以后不要和我那样说话

她是单亲妈妈，忙自己的事情。孩子不睡觉，她不得不停下，去陪他。

她说，哎，你这个孩子，什么时候能够独立？你不知道吗，给你当妈妈，仿佛坐了十年牢，一点自由也没有。你不要以为当孩子被管你很累，管你的人更累。

孩子说："好吧，我争取一周左右后独立吧。"

孩子一旦采取配合的态度，一种积极应对的方式，她又觉得于心不忍。孩子并非不独立，大概也是太孤独，需要人陪伴。她想她应该说，你得学会忍耐某些孤独，而不是说他不独立。

她为自己说过的话遗憾，又不想再节外生枝。

过了两天，在早餐桌上，孩子说："妈妈，以后不要和我那样说话。关于养孩子这件事，是你自己选择的。"

她说："你说得对，我自己选择的事情，要无怨无悔。我不该对付出有抱怨。你给了妈妈非常多的幸福。我个人修养不够，当时状态不好，失控了。"

她又告诉他："我们这次对话有两个身份。一是基于人和人平等的身份。你那样与我交流，完全正确，我觉得你的交流很棒。下面，我们还需要回到人伦秩序中。我在妈妈的角度严格要求自己，无论为你做什么，都无怨无悔，甚至会感谢你。你在儿子的角度，也要感谢父母为你做的一切。就像我，感谢我的父母一样。"

这样说完话，觉得唱独角戏很滑稽。

俗话说，按下葫芦起了瓢。遇到某些情景，需要把两面的辩证都告诉孩子，他将来做人做事才会人我两利。在社会交往中，经常碰到那种"一个心眼"的人，别人稍微客气，就顺着杆子爬得特别快，糟蹋了别人的心意。她害怕孩子变成那样的人。

这个时候，如果旁边有个身份合适的人，比如父亲，祖辈的亲人或者其他长辈，来告诉孩子如何体谅父母，就比她一个人说完东，又说西，效果好得多，感情上也更顺畅。

* * *

气出心脏病你自己负责

早餐的时候，她问孩子：你是我生的吗？

孩子说：是你生的，你自己就多担待吧。

上午，拿出板子，不痛不痒挥了几下，还是狠不下心去。

搏斗了一阵子。他说了几句话："你不敢打你的妈妈，就来打我。我现在让你。我会让你看到的，气出心脏病你自己负责。你眼睛不是有问题吗？我从你的眼镜下手。"

后来，他在板子的一面全部写上了"呸"，说你下次就不敢用了。

最后和解的话是："妈妈，饭好了吗？"

午饭吃得很好。

* * *

守望

　　孩子大病一场，发高烧。夫妻轮流守通宵。孩子吃了有些药拉肚子，梦中咳嗽几声，就得换一次裤子，洗掉咳嗽出的大便。

　　在孩子生病守望的夜晚，她给孩子写成长日记。把苦涩变成安慰。

　　在无数日子和夜晚，只有与之发生过爱情的时刻，才是生命真正拥有过的时间。

　　在孩子生病的日夜，她就与时间发生了爱情。多年之后，她的幼儿长大成人，他生病的日夜，成了她生命中生长树木的地方。

　　生命就在难熬的黯淡时刻花朵开放、果实芬芳。有人代劳的日夜，回避了艰辛，同样也错过了幸福，仿佛孩子成长划拨给她的一片土地，却不去栽种。

　　连续多日熬夜，孩子刚好，她就感冒了。全身酸痛，眼泪流个不停，只想躺在床上睡一会儿。堆积的事情终于处理完，幼儿园放学还有两个小时，正好睡一觉，就请数千里外的父母在一个半小时后给她打手机。相信父母不会误她的事，手机放下，立刻就睡着了。

电话准时把她叫醒了。父亲告诉她，他提前了五分钟，在那五分钟里一直让她的手机响才把她叫醒。

* * *

母亲的紧张

带着幼儿旅行时，同包厢的是年过六旬的香港黄姓夫妇。孩子缠着"黄爷爷"给他讲火车上各种设施的原理。黄先生批评她把孩子看得太紧，说没有让孩子自由活动。他问她是否恨不得买一套红外望远系统，随时可以查看孩子的行踪。

黄太太则悄悄过来对她说，你一定不要听我先生的话，孩子是母亲的命，人多的公共场合，任何时候不能让孩子脱离自己的视线。她曾经在香港某饭店吃饭，孩子在栏杆边玩，她一直是盯着的，两秒钟的开小差，孩子不见了，她在众人面前急得大哭，后来才发现孩子是蹲在原地下方，被挡住了。从此以后，她即使在外旅行，只要看到小孩子，她就本能地帮忙留心孩子以及哪位是孩子的母亲，帮别人"看"着孩子。

恐怕不止一位母亲有过类似黄太太的经历，在公共场合瞬间找不到孩子，只需一次，多数母亲就留下了强迫症。

　　她的全家出门旅行将近一月，回家后，从无数照片中，她找不到一张自己的好照片。

　　在太平洋上，她期待与那浩瀚的蔚蓝合一张影，心神又只能在孩子身上，担心一秒钟不小心，他掉进了海里。她一刻也不敢信任孩子的爸爸，他的洒脱让她的小心变本加厉。反过来，她的过分小心，又带给他潜意识的"逆反"，对孩子更加放手，以为是弥补孩子。

　　"一失足成千古恨"的惧怕，让妈妈心甘情愿把孩子握在自己手里，爸爸最后也只好听之任之，干脆自己尽情玩耍。

　　对看管孩子"紧些"还是"松些"，一对夫妻，如果意见不统一，甚至正好观念相悖，他们就可以互相加剧"强迫症"，彼此更加行为对立，并在其他类似的状态中"移情"。

　　她也意识到母亲的小心翼翼带给孩子的约束，让孩子或多或少损失洒脱的父教能给予孩子的自由气概。与男性勇敢突破冒险"上限"不同的是，母亲，倾向于保证孩子的安全"下限"。

　　母亲知道，皮之不存毛将附焉，她艰难地匍匐在底线地带，独自艰辛守望，更为挣扎的是点点放手的心理磨炼。

＊ ＊ ＊

家务

年岁渐长，对家人的挚爱日日加深，自我爱惜也日日加深，她愿尽己所能，亲自服役于家务。

做过就知，家务是繁冗的工种，任劳任怨的工作，不断地重复，重复再重复，琐碎不已，职业地位低下，成就感低下，被不做家务的家人感知的可能性极小……

持之以恒更是可怕。只以职业精神来对待这件事，不可思议。

晚餐时候，她给伴侣看手背被油烫伤的地方，告诉他，这是工伤。以她的饮食观，可以清水煮素食，省去许多麻烦，而家人要吃精致小炒，花样主食。

也就三个人，便利的电器辅助，半成品的食材，丰富的佐料……过去所有的岁月，照顾全家的母亲们是怎么过来的？更不要说过去那些农村的母亲们，要把食物蔬菜生产出来，从地里到餐桌，煮饭还要烧火，还要手缝衣服鞋袜，除了照顾一大家子人，还要往来亲戚，照顾鸡鸭猫狗猪牛羊……

* * *

拐角处紧走几步

提着购物袋像惯常那样走在小区里。拐弯处遇到一位邻居，问她：你有什么急事吗？提这么多东西还跑着走？

她停下脚步，和邻居打完招呼，才意识到自己几乎都是这样。是的，她有急事，急着在拐弯处紧走几步，早几秒看到广场上和保姆一起晒太阳的儿子，上前抱一抱他；急着上楼看看父母从外面散步回来没有，把从药店买回的药交给他们；看看伴侣上班前吃早点的情况怎么样，好安排晚上的食谱；急着坐到书房，忙一会儿自己的事情。孩子的加餐又得准备了。

能否得各种片刻暂忘，在另有所为的世界中沉迷，变成一个逃离牵绊的孤岛？

然而，那只是短暂的希望，日复一日，她还是在拐角处紧走几步。

* * *

什么是孟母三迁

孩子一见她就讲，某某今天在课堂上又被老师批了，说某某的"讨厌老师名单"上就有了这个老师，说很多老师都上了某某的"讨厌老师名单"。

接着，孩子问她：妈妈，什么是孟母三迁？

她给他讲了。晚上又找出成语故事书，让他自己再看一遍。

孩子睡下后，她睡不着。爸爸也睡不着，他也在思虑孩子与同学交往的问题。他说："你那些对人一视同仁，想当然的高级思想，孩子现在恐怕理解不了，最好还是和过分调皮捣蛋的同学保持距离，孩子现在没有分辨能力，有样学样，程度深了，你就不好收拾了。"

她更不安了。

她想，恐怕孩子也觉得迷惑，所以他会问什么是"孟母三迁"。这个故事他早就看过了，他不明白，为什么妈妈会鼓励他和调皮捣蛋的同学交往。她担心自己给孩子的混乱感比奥数题难多了。也许伴侣说得对，她不客观，她相信开卷有益，能看到任何人身上的优点。因听到别的家长议论某某，要自家孩子敬而远之，她反而鼓励孩子尊重这位同学，发现和学习他的长处。不如人意的是，多数时候，这个孩子只是捣乱，令各科老师头痛。

为能安睡，她不停在心中默念："明天，又是新的一天。"

她需要去除孩子心中的迷惑，找到合适的方式，尊重别人也尊重自己。

* * *

笨妈妈的功用

在数理方面，她心不在焉，笨到了家。

孩子会说，妈妈，你实在哎呀太笨了。某次笑话闹得太大，伴侣说，看来你的脑子，就是个装饰。"装饰"这个词，他是用英语说的。孩子觉得好玩，一下子记住了这个单词，并且反复在她身上应用这句话，这个单词他再也不会忘记。

她匆忙从浴室出来，请伴侣一边休息去，她陪着孩子做数学，一道应用题，做了几十分钟。孩子觉得自己比妈妈的数学好，有了自信心。这是笨人的妙用，适合做孩子的学习陪伴。不会像伴侣那样的数理高手，没有换位经验，孩子反应慢一秒，他就受不了。

笨妈妈能够理解他人。

晚上泡脚，伴侣又忘了拿自己的拖鞋。她说，你看，我不责备你，我帮你拿来就是了。你总是忘事这一点，我可以理解。如果你不忘事，你能帮我拿拖鞋，你也不能废寝忘食专注于你的事情了。所以，能不能，对孩子的学习耐心一点？

笨妈妈心软又谦卑。

她又对伴侣说："孩子是我们自己要他来的，不是他要来给我们当孩子。最初这是我们的意志，我们可否对孩子更加仁慈？当然，这也是我对自己的提醒。"

笨妈妈还会笨鸟先飞，带动家里的聪明鸟。

伴侣说，修一下门铃吧。话音刚落，她就去打电话。伴侣说，可否把桶装水要来？好，她马上就要来。她说："哎呀，我的电脑运行好慢。"伴侣也马上给她解决。

* * *

父子不亲

初为父母，多数男人会慢半拍，甚至像借来装样子的爸爸：一如既往看体育节目直播，与哥们儿厮混，或者有了新的恋情。

她的孩子开始也和爸爸不亲，当爸爸是"陌生人"，抱他一下都不行。她意识到父子关系需要改善。她开始教孩子先学叫"爸爸"，让保姆配合改善父子关系。爸爸回家，她抱着孩子在门口等他，他一进屋，孩子就冲着他叫"爸爸"，爸爸有些感动。正在吃饭，孩子拉了，他破天荒停下吃饭来帮助收拾现场。

她在伴侣面前讲孩子哪些地方像他：手指、某个表情、某个优点等等。旁人称赞了孩子，孩子在某个地方表现好，她也讲给伴侣听，让他很为这个像他的儿子感到自豪。

她对伴侣说，男孩子要亲近父亲才会有出息，孩子小时，吃喝拉撒这些"低级"活儿，都没有麻烦他，就为了好钢用在刀刃上，孩子越来越大，就到了爸爸出手的时候了。

爸爸教孩子学一些东西。他上班后，她就在家带孩子重复练习。爸爸一回家，她让他考考孩子，孩子对答如流。爸爸暗暗喜悦，觉得儿子果然有他那样的"智商"。她让孩子递食物给爸爸；抱着孩子到浴室门口一起递给爸爸换洗的衬衣；爸爸出差，让孩子在电话里反复叫"爸爸"，爸爸给儿子带可爱的礼物回家。

最管用的还是当"弱智妈妈"。孩子想吃的罐头，只有爸爸能打开，孩子就坐在门口等爸爸；特别想知道的问题答案，只有爸爸懂，孩子就给爸爸打电话；很多游戏，只有爸爸能够和他玩；只有爸爸陪他做的手工玩具能在幼儿园得奖……

找不到合适的新保姆，她担心自己吃不消。想不到，幼儿园接送、家长开放日、学游泳、学钢琴练琴等，爸爸都是第一主角。有时候，她想接送孩子，爸爸也要一起去，他要在上学放学路上，陪儿子背唐诗宋词，还要给儿子讲他最爱听的科学知识。

突然间，孩子要和爸爸睡觉了。抱他回自己的床，他又溜到爸爸的床上。一向把睡好觉视为人生头等大事的爸爸，温柔地满足了孩子的愿望。几乎通宵未眠，守着儿子，给他盖被子，修剪指甲。

* * *

清晰表达自我

晚上，孩子在客厅说，咦，作业完成了，可以玩了。

过了几秒，又自言自语：爸爸还有一堆破课要给我上。

爸爸做起事来废寝忘食，他很容易忘记让孩子休息。孩子就怠工抹眼泪。

她对孩子说："你要懂得清晰地表达自己的需要。多数时候，别人不知道你的想法，就算是爸爸。所以，想休息的时候，就告诉爸爸，好吗？"

有时候，就是一句话的事，妈妈提醒孩子，孩子提醒爸爸。

孩子不再抹眼泪，听见他的声音"爸爸，我想休息了"或者说"爸爸，我眼睛累了"。

休息时，他又到妈妈身边，对她说："妈妈，你以后给我配西红柿鸡蛋汤的时候，不要太烫。你可以用小火煮。"

她说："好的！我先大火煮开，小火再稍煮一下。刚做好的汤是烫的，需要等待时间放凉。"

　　她告诉孩子："我喜欢你这样清晰表达自己的需要，你还找对了人。对于爱你的人，你提合适的要求也是在付出爱。要懂得建设并体察人我关系，除了能够爱，也善于享受被爱。"

　　她提议马上做西红柿鸡蛋汤给他当夜宵。

　　放学接他回家的路上，路过金凤呈祥，他要吃三明治。

　　有丰盛的晚餐，不希望他吃零食。他哭了，说她伤了他的心。他说今天特别想吃那种三明治。她对孩子说："不是因为你哭了，而是因为你和妈妈有了清楚有效的沟通。"母子又重新从家里出门，去买三明治。

* * *

邮箱

孩子喜欢模仿父母。

爸爸的邮箱是greenopen，孩子就申请了一个邮箱是jerryopen，他建议妈妈也来一个什么open的邮箱。

孩子十分喜欢他自己的邮箱，反复打开去收信，除了系统管理员的公文信一封外，他没有收到什么邮件。

她就给他写了一封信。就一句简单的话：儿子，我爱你。

这句话写两遍，邮件主题写一遍，正文写一遍。

* * *

陪伴

原定去爬山，风大就取消了。

在南屋阳台上，铺上地毯，陪孩子一边学习，一边晒太阳。

要半期考了，陪他补习旅行一个月耽误的课。孩子没有动力。她说："你要考到好分数，表明你学习没有耽误，下次给你请假旅行，老师才会同意。"

孩子说："那不是四年以后吗？"上次和朋友说，四年以后一起结伴另一次长旅。

她说，四年以后是计划之一。但是，万一有机会，随时会带他去别的地方。

孩子就说："如果我这次考不好，老师就会觉得下次旅行回来还是考不好。"

"对！这就对了！"

于是，一整天，他们做了很多页码的东西。

* * *

婚姻观

傍晚，带孩子一起去超市买醪糟和鱼。

在小区，他把银杏叶捧起来，撒向空中。她说："这似乎是个浪漫举动，也许将来你和女孩子约会，她比较喜欢。一个男人，要有生存实力，比如在应试教育这样的学习游戏中，你也能做好。应试教育也没有什么，你就当这是一个游戏。无论什么游戏，如果这个游戏你不得不玩，你能按照它的游戏规则漂亮地玩下来，你就是高手。你还要想办法保护你的创造力，也要有玩落叶的心情。"

孩子说："据说到我20岁的时候，中国有很多男人将要打光棍呢。因为男女比例不协调。有些女人还不愿意结婚，女人就更少了。"

她说："好像是这样的。目前我还是觉得婚姻对人很重要，希望你为将来有一个好的婚姻准备自己。比如，前几天，你洗完澡，淋浴房的东西东倒西歪。我让你自己整理，并非不愿意帮助你。你现在得尽量养成好习惯。将来你的妻子就会开心些，你的孩子也跟着你学，你的家就比较整洁。"

她相信，一个人的婚姻观在18岁前就定型了。孩子现在9岁，还没有到逆反期，她就趁着机会，像水往沙石里渗一样渗透给他。她只能从自己的人生经验中，把她正在依赖的生活经验分享给他。

＊　＊　＊

碰到双胞胎妈妈

碰到双胞胎和他们的母亲从香山回来。双胞胎穿着红色格子棉服，很可爱。

双胞胎妈妈建议她以后周末不要安排其他事情，全部给孩子。

她遗憾周末总有脱不开的事务，还没带孩子出去玩，秋天就这么过完了。

暖气里的水响起来，声音细细的，连绵的，像春天小溪的流动。春天却还在很远。

* * *

母亲能够回答问题

孩子总是在问她问题：中国有没有（澳大利亚那样的）土著文化？什么是佛教？等等。

去北大听冯德全讲冯式早教理念，谈到阅读对于孩子的重要性。

她想，阅读不仅对孩子重要，对母亲同样重要，要做一个能够回答孩子问题的母亲。

中国已经有不少渊博妈妈，她们阅读面之广是惊人的。

读完《狗而屁之》《狗而屁之续》，她让孩子来朗读，母子笑成一团。趁机，认识两个生字，学习四个词组，又给他大概说说文章中提到的梁启超，为什么又叫梁任公，谁是钱钟书和杨绛。

第二天，她和孩子复习了那两个生字和四个词组。她把书架上所有钱钟书和杨绛的书都找出来，摆在孩子面前，给他看他们的照片。孩子翻了翻《宋诗选注》，说怎么是繁体字啊。又问：唐诗好，还是宋诗好？

翻看《我们仨》，给孩子讲，杨绛在医院生孩子，钱钟书打翻墨水瓶弄脏房东的桌布，弄坏门轴，杨绛回家一一解决这些问题。

孩子喜欢这种"出事故"的段落。为了找到她讲给他的这些细节，他就必须整个章节来看，直到找到这些细节，笑过之后，他还忍不住往下看。看完了，她对他说："你长大可要找个好脾气的妻子啊。"又给他讲钱钟书和杨绛的感情。孩子听得很入神。

2010年12月美国的《时代周刊》封面文章是"谁需要婚姻"。据说在美国，非婚生子女已经超过婚生子女，英国的离婚率已经到了60%，她希望儿子将来有个幸福的婚姻。

她也知道，婚姻只是生活的框架之一，自己的虔诚未免迂腐天真。也许，到那时候，婚姻的多元形式已经超出她现在的想象。

　　她看完《皇帝和他的宫廷》，就知道，威廉二世的母亲，那个失落的、自怜的英国公主，对于儿子的冷落，至少是部分造就这个疯狂皇帝的原因。蝴蝶效应的结果，德国军队在中国格杀勿论……认识的无底洞，驱动她，为了自己心中的疑问不断阅读，为了成为能够回答问题的母亲而不断阅读。

＊　＊　＊

两种母亲

最感人的是穷苦年代的中国母亲，把食物让给孩子，自己饿得晕倒；为了孩子的前途，拖着虚弱的身体偷偷去卖血。

洛克菲勒三世戴维·洛克菲勒，在回忆母亲时说："她对我的信仰、我的品位，以及我享受身边世界的能力的影响，是任何人都无法比拟的。""母亲博览群书：历史、小说、传记，有时还看侦探小说。她相信，人们对世界了解得越多，取得成就的概率就越大。她教我享受学习、享受充实的生活，教我沉浸在结识有趣的新朋友的激情中，教我享受新食品、参观新地方，教我享受在未知世界里探索。"

这位名门闺秀不仅大大提升了洛克菲勒家族巨大财富的品质，她给儿子的爱，是洛克菲勒家族更为巨大的财富。

* * *

带孩子散步时

带孩子散步时，他告诉她，老师说，如果他再调皮，就把他摔死。孩子眼泪花花望住她，补充一句："老师这样说话很危险。"

问过当时的细节，她对孩子说，如果老师真说了这样的话，老师就是错误的。错误的话，你可以不听。你不听，这句话对你就不起作用，她就白说。你也可以找到办法保护自己，比如像现在告诉妈妈这样，告诉其他老师或者你的朋友。孩子说："还可以报警。"她说："对！如果感到真的危险了，你那样做很对。"

接着，她才对他说，事实上，这样的危险一般不会发生。

老师要管理你们这么多孩子，你们是不是都有些调皮呢？有时候，老师会着急，着急就像你有次走路跑得太快，一下子摔跤了一样，老师也是不小心犯了一个说话的错误，她的嘴巴摔了跤……

小孩笑了起来，觉得"嘴巴摔跤"很好玩。

她继续说：人人都会犯错误，你也要原谅老师。不过，妈妈谢谢你给我说了这件事情，妈妈会给你保密的，你也不必随便给别人说了。

接着，她让孩子和她一起回想老师关心他的事情，小孩一会儿就说了好几件，比如，他表现好，老师给他贴五角星；别的孩子打扰他睡午觉，老师给他换床的位置等等。最后，母子得出一个小结论：老师是很爱他的，以后他要少调皮一点，不要让老师的嘴巴摔跤了，不然把老师摔坏了可不好。

* * *

母爱棉花包

孩子心情不好，来到她身边，躺在那里。她对孩子说："在这个世界上，你和妈妈是最亲的，妈妈是最了解自己孩子的。无论在家还是在学校，或者别的地方，如果有人对你说什么下定义的话，你回家告诉妈妈，我们一起来判断一下，是不是有人讲得不准确。"

孩子说，老师说他"总是"不自觉。

她说："不是这样的。我知道你。你有时候比较顽皮，更多时候，你是自觉的，是能够自己管理自己的。"她举出了他自我管理很好的很多例子。又告诉他："老师这样说，是他们有时候太着急了，来不及仔细想好自己的话，另外，他们也没有机会像妈妈了解自己孩子那样了解全班每一个学生。爸爸妈妈有时候着急，也会说出不准确的话来，希望你宰相肚里能撑船，能够理解原谅老师和父母。也注意自己的言行。同样的事情，反复几次，别人说你'总是'如何如何，也是自然的，虽然不一定准确。"

孩子说："宋老师说，不能随便给别人下定义。"她说："宋老师正确，她说的这句话很棒！"

世界粗糙坚硬。她觉得要给孩子多准备几个棉花包，即使他偶尔从高处跌落下来，也有安全的保护、柔软的依靠。无论是那位往来奔波住酒店陪读的母亲，还是她，能寄予的，就是自己对孩子的温柔体贴了。

* * *

橡皮擦妈妈

孩子是白纸。父母希望写在这张纸上的任何一笔都是完美的，至少是正确的。

事情不尽人意，白纸上留下错误的笔迹。做父母的人，尽可能当好橡皮擦，在那些痕迹还是铅笔印的时候，还原他的空白，让他的生命里有更多美好的图画呈现。

孩子幼儿园毕业前对她说，他不想毕业。她觉得奇怪，孩子一向不喜欢幼儿园的。她也觉察到那是一句言不由衷的话。周六早晨，她带着孩子散步，中途坐在绿树下的蓝色长椅上，晨光斑斑点点洒下来。孩子爬到她怀里来坐下，冒出一句话来："妈妈，郝老师说我毕不了业。"冒着泪花又补充："她是生气说的。"

以前，孩子给她讲幼儿园的事情，她都要细问老师的表情和当时的情景，以便更接近事实的真相。孩子已经习惯主动给她补充情景细节了。

她抹去孩子的泪痕，说他一定能毕业的。孩子将信将疑，似乎释然了一些，被一条路过的小狗吸引了注意力。

过了几天，孩子幼儿园毕业了，她问他是否高兴，他说高兴。他又对她说，老师说过他不能毕业。她就和他谈，老师是吓唬他，老师要管理的孩子太多了，有些调皮的聪明孩子，就像复杂高级仪器，有些人找不到开关，就胡乱敲两下，表示吓唬。

午休时间，孩子从梦中醒来，带着哭腔对她说，老师不让他从幼儿园毕业。她好心疼，给孩子讲了好多故事和道理，还打比方说，有时候，孩子也吓唬妈妈，说如果妈妈不听话就把妈妈打坏，其实孩子是不会打坏妈妈的。她又告诉孩子，有时候，如果我们不认真或者不按照某些规定对待某些必须做的事情，的确可能出现某种结果，就是那件事情没法完结。

她用的是比较罗嗦的比喻加故事的方式，孩子似乎终于彻底从"幼儿园不能毕业"的阴影中走出来了，至少后来再也没有提及那件事情了。

　　之前，孩子也给她说过几件发生在幼儿园的"伤心事"，都是在母子玩得很开心，或者临睡觉前、早上醒来和妈妈很亲近的时候讲给她的。比如，孩子感冒了尿床两三次，他告诉妈妈，老师说，如果再尿床就把他放到小便池里去。老师又说，如果他再不听话，就把他扔到窗外去，老师还说要打破他的头。

　　孩子在家玩耍时，突然蹲在地上，说腿痛，因为老师用扫帚打他的腿了。她看他腿上的伤痕，已经是旧伤了。孩子叙述的是时过境迁的事情，她用各种方式，让孩子相信和避免那些伤害不会发生在他身上。她不指望经过提醒能改变老师已定型的教育观和语言习惯。在"非典"时期，她已学会了在可怕的大环境里，如何保持健康，增强免疫力，加强自我防护。

　　她决心当好橡皮擦妈妈。孩子在离开父母视线的广大世界上，总会遭遇各种成长经历。在孩子幼小容易受伤害的年龄，她不敢盲信任何有品牌的学校或者有荣誉的团体与个人。机构都是由一个个修养不同的人组成的，同一个人也有不稳定的状况。

　　她要尽力保护孩子对世界的信任，又机警地保护孩子，直到他们足够强大，足够独立。对于孩子来说，最要紧的就是及时为之消除那些误写在他们心灵上的笔画，把空白留给他们美好人生画卷的展开。

＊　＊　＊

小白兔的秘密财宝

　　她和爸爸一起去接孩子。在教室门口，爸爸说："你看，儿子只有两颗星，有人都满罐子了，就他最少。"

　　她把贴着孩子名字的那个透明罐子举起来，笑着对老公说："不错呀，有两个。"孩子来到她身边，她说："儿子，你不错，有两个星呢。"孩子说："妈妈，他们说就我的星星最少，还羞我呢。"老师过来说她的孩子有点调皮什么的，过两天园里有家长开放日，到时候可以具体看看孩子的表现。她答应着老师，带着孩子回家去了。

　　睡觉和起床前，她给孩子讲故事，都是孩子临时出题目，她现编现讲的。

　　故事的主人公是孩子最喜欢的小白兔、小天鹅和小燕子等等动物。这样的故事连续剧从孩子三四岁就开始了，持续经年。这种方式非常自由，她可以把所有需要灌输给孩子的观念、需要纠正的问题、对他的安慰等等都自由地夹带在故事情节中，孩子非常喜欢。

她给孩子讲小白兔在幼儿园只得到了两颗星，别的兔子嘲笑他，小白兔有点伤心，小白兔的爸爸也不好意思，但是兔妈妈一点都不着急。周末时，兔妈妈把小白兔带到一个秘密花园，里面有很多财宝，上面都写着小白兔的名字。小白兔很惊讶，妈妈就告诉他，小白兔是很棒的，他自己还不知道自己有多棒，别人当然更不知道了，但是妈妈知道。所以，小白兔不要担心自己幼儿园的罐子里只有两颗星。不过，如果，小白兔能够更配合老师一些，他的财宝会更多。

孩子听了小白兔秘密财宝的故事，轻松了不少。

家长开放日到了，她发现在英语课上，有些孩子很踊跃，老师也总是带着那些踊跃的孩子参与，她的孩子和另外两三个孩子，完全无所事事，有的东张西望，有的抓耳朵挖鼻子，她的孩子则在咬手指并不时敲敲桌子。

孩子咬手指被发现差不多半个月了，爸爸让孩子纠正这个坏毛病。她说，一定是孩子遭遇了什么内心困难，找到根源就能迎刃而解。发现了孩子在幼儿园遭遇老师忽视和厌烦的情况，她明白了。下课时，孩子向她奔过来，她拥抱他，亲吻他的脸，他深深地回亲了她的脸，紧紧抱着妈妈。老师根据现场情况，再次向她说孩子就是这么调皮捣蛋的。

　　回家路上，她对孩子爸爸说："不要因我们的面子再给孩子压抑。脸面就是嚼过的口香糖，继续嚼也行，吐了也行。或许，今天最调皮的孩子，多年以后，是幼儿园老师能够为之骄傲的人物，谁知道呢。你看，平常，我吻他抱他，孩子都不像今天这么投入反应，孩子捱过课堂的孤独和被忽视太不容易了。"

　　如果孩子有错误，成年人的错误不知应该翻几倍？

　　孩子上幼儿园的最初两年，她和幼儿园沟通很多。到了大班，沟通效果欠佳，她就索性放弃，想让孩子自己去适应一段时间再说。好在孩子马上就要幼儿园毕业了，他年龄偏小，不能上小学，在幼儿园还保留了名额。但她不再信任那所谓的品牌幼儿园。她决定让孩子到一个学前班试试。据说那里相对尊重孩子的个性，自由感多一些，邻居的孩子很喜欢那里。

到那里上学不到两个月，她的孩子就当了班长，咬手指的毛病不知不觉消失了。他是班上几十个孩子中年龄小个子也小的孩子，但他各方面表现都出众，老师很喜欢他。

有一天，老师竟然对爸爸说："如果班上所有孩子都像你的孩子这样，我们就很省心了。"爸爸是在上班时候，特意打电话到她办公室告诉她这句话的。孩子同学的家长在路上碰见，也对她说："我家孩子回家说，老师让他们向你的孩子学习。"

爸爸十分喜欢这个结果，后悔当初没有早点给孩子转学。她心里也有点高兴，毕竟孩子心情舒畅了。她想，无论"好"与"坏"，孩子和家长的路都很长，一时好坏都不说明问题。令她深思的是：孩子在同一个小区的两所不同学校、不到一学期时间表现的状况，是如此迥异。孩子的世界真是不容易，他们那么幼小，但却无处不在成人标准的设计和评价之中，这些标准又传染孩子的同龄人，并一起来包围孩子。

她深问自己：做父母的，是成为孩子身边一棵大树给他依靠和激励，还是成为一根软弱的世俗芦苇随世俗价值起舞，甚至成为一条世俗的鞭子来抽打孩子？

人的一生，包括成年人，都还有很大的成长空间，以及巨大的人生转折点，何况小孩子。无论孩子一时顽皮还是出色，她都希望自己耐心一些，并为孩子的处境改善、心境维护尽到自己的爱的责任。

* * *

你不用抓住水管

在空气、水、睡眠、食物之外，孩子最需要什么？

也许是"妈妈爱你，最爱你"吧。

在餐桌上听人说污秽的东西，她会反胃。在养育婴儿阶段，这个症状自动消失了。孩子七个月大小，在体检台拉了大便，她低头收拾，孩子蹬腿，给她蹭了一脸大便。

"我在给你准备巧克力呢。"孩子听了这个故事，哈哈大笑，为他是妈妈面前的特权人物而骄傲。

不知什么缘故，孩子上幼儿园之后，再也不习惯在外面拉大便了。有时候，为了他拉大便，只能结束外面的活动急急赶回家。

八岁时的一天，她带他逛街。在城铁站，他说要小便。她带他去了。他说他小便不出来，因为想大便，但他不能在外边大便，要回家。离家太远，大便小便都憋着，怎么行？再说，这个习惯不克服，以后怎么办？

她对儿子说，妈妈不是带你在外边旅行过一个月吗？你能在家以外的地方大便呢。我正在计划暑假再带你到处旅行呢。孩子想起来，有这么回事。想到要旅行，也高兴起来，似乎有点信心了。他进去又出来，进去又出来，反复下决心，她耐心鼓励他。第三次，他终于进去了，没再出来。她站在男厕所外边，听到他叫她去帮他关门。她看厕所没人，就进去了。只见他小屁股朝外，背对着门，双手抓着贴墙的水管。她帮他关了门。过了一会，他叫妈妈，他自己擦过了，让她把湿纸给他，她替他擦了，他要看一下湿纸不脏了，就放心起来了。

出来之后，她表扬他，告诉他，从此以后，他在大便这件事上自由了。

她又告诉他："不必背对门，你不用抓着水管，你不会掉进去的。"

她想起，多年前，曾经有大学男生讲过的一个笑话，他在厕所看到有人背朝外大便。对孩子背对着门、紧抓水管的那一幕，她却一点都不觉得好笑。

那小小的蹲着的背影，在她心里是万般怜惜。事情过去了两天，孩子和她散步的时候，紧紧拉着她的手问："妈妈，你怎么敢去男厕所？"她明白他所指，他显然喜欢他新获得的自在，他对妈妈有感激和佩服。她说："有男孩的妈妈，有一点特权去男厕所。只要搞清楚里面没有旁人就行，或者需要的话请别人行个方便也行。厕所，不就是给人方便的地方吗？"

一个人的成长过程，是不断确认自己的过程。

安全感和自信心大约是人最需要的幸福要素。"儿童最初的安全感主要来自母亲。母亲对孩子需求的反应必须是及时的、可靠的、始终如一的、预料当中的，儿童才能认为这个世界是安全的、可靠的、善良的，同时儿童也在自我规范当中建立起对自己的基本信任。有了这两个基本信任，儿童才能感受到自己的生命是有意义的，自己的存在是有价值的，自己是可爱的、受到保护的，从而建立起生命的意志力。给孩子安全感不仅要给予他们恰当的爱，也要给予孩子恰当的规则，他们才会觉得这个世界是坚实可靠的。"

孩子也才会在内心坚信："我是可爱的，我是被爱的，我的存在是有价值的，我有能力克服困难解决问题，我相信自己的判断。"

尽最大的努力，最深沉、无条件地去爱孩子，少给他们的人生留下尴尬，在他无助之时给予他最恰切的体贴，在他无力之时给他最适当的力量，这是慈母之爱。有了这个起点，一切方可奢谈，包括严肃严格的其他人生教育。

* * *

以孩子为圆心

伴侣说，要以孩子为圆心，你自己的事情，早几年晚几年又如何呢？甚至不做又如何呢？儿子已经被我们带到这个世界上来了。我们三十多岁才有他，会看着他几十年。等我们老的时候，他也就是我们现在这个年龄。那个时候，他过得不好，什么也弥补不了我们内心的难过。所以，现在，我们都要以儿子为中心。不管怎样，先把我们该做的能做的做到。

到一位亲戚家去。那对科学家夫妇讲，他们的同事，有的曾是风光的院士，到处开会领奖，孩子不成材，老境难过；有人就平常过来，孩子很出色，笑在最后。至于那兼而有之的，父强子贵，或福运两代不至，都是人间父母的悲喜剧。

* * *

妈妈是一匹好马

一整天待在家里，偶尔去窗户边看看那些雪片。

空中的雪片，并不好看，像一些被粉碎得凌乱的旧棉花。积起来的雪，就很好看了。就像水，积聚起来，可用"清澈"或者"蔚蓝"来形容。

黄昏，孩子和爸爸在楼下做雪房子，几间连在一起的雪房子里面，都点上蜡烛，薄雪做成窗帘。她去接父子回家，邻居父女还要在楼下玩。晚些来还雪铲，说雪房子里的蜡烛还在燃着。她接过铲子，洗得好干净。

陪孩子做作业，她哄一哄，鼓励一下。完成作业，弹琴时间过了点。爸爸早在钢琴边等着了，他脑子里有一架滴滴答答的闹钟，是孩子和她的噪音。他太有毅力太讲章法，做事，只要不与他人相关，她总是佩服的。

睡到半夜，她惊醒，梦中找到了孩子脾气越来越暴躁的症结。她想，不该让孩子和爸爸待太多时间。爸爸是事情导向的人，他对人，也是对待事情的态度，执着认真，一丝不苟，少弹性。孩子自我调节能力不足，又迫于父亲威势，作业多学琴苦，每日作息枯燥，没有同龄兄弟姐妹，过着违背天性的生活，压抑日深，又不是迟钝之人，发脾气成了调节方式了。

孩子四五岁前，她的精力大多在孩子身上，伴侣忙他的事情。六到九岁，孩子稍微能够自理，她也想放手做自己的工作，就把孩子交给了爸爸。他陪伴孩子适应小学生活，学钢琴学体育技艺，很多事情，爸爸的毅力和耐心，是她自认不及的。在孩子功课和各种技艺的学习方面，他付出很多心血，给了孩子很多"坚实"的东西，不过，孩子的坏脾气也水涨船高……

这一惊，她再也睡不着了。她决定，从早上起床开始，把更多时间精力放在孩子身上，从孩子头上松了"爸爸紧箍咒"，好好体贴、宽慰他，釜底抽薪，把他的好脾气变回来。

做母亲，投入多少精力在孩子身上，本该无怨无悔，但，她夜半不眠的心里，还是滋生出无端的寂寞。

她以为，怀孕哺育孩子，一心一意在孩子身上，好几年过去，孩子终于稍微独立，上小学了。她以为有一个好爸爸愿意照管孩子，自己就可以安心做几年事情。但她发现，身边的邻居朋友都在夸她的伴侣如何了不起，夸到让她心里内疚不安了。

三年中，就在家门口上班的爸爸，被别人看到总是带着孩子，就问他是否单亲家庭。女人为工作忙一点，总有人说些意味深长的话，也无可厚非，重要的是，出了状况，总得自己来收拾摊子。从生物学事实而来的约定俗成，母亲，是教养孩子的第一责任人。

在《1990传奇》里面，有一句台词：妈妈是一匹好马。

凝视马的眼神，深深的忧伤，凝视马的背影，负重奔走。

很多女性，像她一样，并非不想做一个好妈妈，但不想只是做一个好妈妈。精力有限。或许，需要的是更多智慧和方法，能够在各方面一举多得，事半功倍。

* * *

晚归

　　晚归，在城铁，一个年轻女子加塞，一位老年女士说了她一句，年轻女子气焰嚣张地挖苦老年女士。老年女士背后那位埋头看报纸的男人忽然站出来，大喝，要年轻女子给他的母亲——那位老年女士道歉，年轻女子顿时噤若寒蝉。

　　生命中这种尴尬的场景，令人于心不忍。

* * *

当女人爱上孩子

生养孩子的当代女性，需要在工作、事业、自我和生养孩子之间找到平衡，获得帮助，无论来自配偶、父母、保姆还是生育服务机构。

生孩子是女性要探索的一个最大的生命秘密；做母亲，让女性有一种庄严的力量，女性从此刚柔相济，仿佛摆脱了时间的魔法，与之化敌为友。

女性有理由期待，像体会一次冒险一样体会生育，像投入一个爱好一样投入生育，像享受一段休假一样享受生育。

十月怀胎，得到一个孩子，辛苦养育，无限牵挂，女性找到持续一生的爱。

从生育中，女性真正开始了解：婚姻与爱情的要点，亲情与友谊的真相，邻居与亲戚的价值，未来与美好世界的意义，生命由大海浮舟变成连绵群山。

责任的重大与艰辛，尽职尽责的漫长过程，生育挫折，教养曲折，意外和尴尬，甚至日复一日的三餐，把母性百炼成钢，最后变成绕指的温柔。

孩子是母亲的一份人生地图，指引她的方向，把她引向更加广大、辽远和深邃，女性仿佛由平原变成高峰，由小溪变成大海。

家庭和社会都是孩子的生态环境，为给孩子留得青山绿水和蓝天，母亲在家庭和社会生活中勤奋地种植绿荫；从写一本书到节约一滴水，母亲的动机无不和孩子切身利益紧密相连，和人类的未来息息相关。

* * *

当孩子有了所爱

从拥有孩子那一刻，母亲就在准备交接事宜。当孩子成年，拥有所爱，她写给孩子一封信。

亲爱的儿子，

无论此生平凡还是壮丽，爱与亲情，是生命的桂冠、踏实的慰藉。

数年来，你是我探索生命破解的灿烂谜底，你是我要交接的一个瑰宝。你拥有了你所爱，我拱手交出你，就像把春满交给华枝，把圆月交给天心。

我祝福你们互相带给对方幸运。希望你们彼此，此生至少热恋两次，青春时节，各自青涩相恋，成熟岁月，爱对方静水流深。

数年前，爸爸妈妈的挚友结婚，我们的祝福是："但愿一簇娇艳开在艺术家的阳台上。"今天，这句话传给你。

亲爱的儿子，

女人，有时候不好理解，你要平心静气去理解，要恰当去爱。不会爱，不如不爱。错误的爱，犹如用毒日暴晒喜阴植物，把仙人掌栽种于沼泽地。生命本能的力量，只是爱最初的借力。有些阶段，爱，千头万绪。不纠缠，不放弃，也许是偶尔的独门绝技。爱，是生命的另一种呼吸。生活，有时候突然百般无趣，适意的爱方可慰藉你，升华你。拥有你独立强悍内心，也请警惕男性生命本能给你的惯性，善于吸纳女性生命的光华，更可悲悯、欣赏女性的某些"无理取闹"。那心有七窍的女子，最善于报答男人给她的温柔与恩宠。

亲爱的儿子，

把握你的爱，享受你的爱。你的离开，仿佛让妈妈的枝头空了一样。愿你的内心拥有另外一番景象：妈妈正因为你的成熟而享受自己的时序。是你，让一个单薄女子，有机会翻开新的篇章，成为丰富的母亲；是你，让一个单薄男子，有机会磨砺才情，成为深厚的父亲；是你，让你的父母成长自己，就像硕果令人更加热爱秋天。

蓝调十八拍

隐痛

在无法沐浴的地方、在肮脏的地方、在发现人类丑恶眼神隐藏的地方、在身体有伤口流血的时候，不得已的劳动、性、疼痛或倦乏得不到呵护，会留下难以愈合的精神创伤，有些因此危及身体。

在这些时刻，会悄悄埋下厌世的种子。这种深度的伤感，反倒不易觉察，恐怕就莫名其妙传递给了孩子，这是唯一的诉说。在祖先牌位前磕头谢过罪，在孩子面前呢?

母亲，最好的道德是先让自己有快乐的能力。女性从被孕育到孕育的漫长生命里，父母、老师、朋友、恋人、伴侣、邻居、其他一切人，充当了什么呢?

轮回

　　期待中的妊娠，在得到确认的那一刻，女人的身心一下子变得不安又宁静。就像出远门，独自走进陌生酒店深处，在那长长的无人走廊里，找自己的门牌号，踩着厚厚的地毯那种感觉。

　　已经是第几次怀孕了？她是第一次为之欣喜和感动，又瞬间伤痛揪心。她对此前数次终止的妊娠产生了异样的感觉。曾经克服的障碍，化解的麻烦，忽然变为"失去的孩子"。她第一次真切地把自己和母亲联系起来。如果不是终止妊娠，而是生活在母亲的年代，那么，她已是几个孩子的母亲。那种感觉很幽静，仿佛作为女人这个性别，她第一次着陆了。

　　她觉得自己和轮回产生了联系。暗中呼唤此前被拒绝的孩子们，希望他们重新回到她的身体，和现在腹中的孩子一起出生，让她在一个孩子身上爱他们全部。

　　这样的妄想，与生命中一切的覆水难收一样。

石头

在缔造孩子的时刻，不幸留下不快的记忆，对母亲是可怕的伤害。

女人在怀孩子的日子里，心里也怀着一块石头。十月期满，孩子落地，心里的石头，终生不落地。

疏忽

身体没有变化，女人有时候怀疑自己是否真的怀孕了。

直到有一天，突然有了呕吐的感觉，不想吃东西。早春的枇杷和樱桃是从南方过来的，还能吃下去，吃了也吐了。她身体百般不适，无法忍受家中脏乱，强打精神，收拾打扫，开始还小心翼翼动作缓慢，活儿干得专注流畅之时，忘了自己是孕妇，去搬动书桌，要去擦擦角落里隐藏的灰尘。刚把桌子推开，她就醒悟自己干了蠢事。

夜里，身体出血，先兆流产。

伴侣自有所长，一如既往不善于照顾日常琐事，像色盲看不见有些颜色，像路痴无法认路一样。从女友到妻子到准母亲，女人身份在变，却没有把握时机，认真磨合日常生活，有意识培植伴侣在未来环节需要贡献的日常生活素质。

也算是自食其果，和生病期、生理期一样，漫长的孕期，伴侣的不懂呵护，需要女人多次重新释怀。

有些男人，或因天生，或因父母从小调教，或因人生经验，会在伴侣关系中，把事情做到点子上，女人的心就被他们体贴透了。他们事半功倍就有死心塌地的女人，安定祥和的家。在生理期、生育期、生病期得到很好体贴的女性，对伴侣易生格外的忠诚温柔。

相反，有些男人，对家庭可谓劳苦功高，只是搬了西瓜不捡芝麻，忽视温柔的力量，给伴侣和家庭留下的阴影最终还是到了他自己面前。就像，有些女性，对家庭任劳任怨，自称当牛做马，却在伴侣面前不解风情，被辜负得不明不白直喊冤。女人要呵护，男人要温柔，伴侣要懂得雪中送炭，满足其所需。

要避免敏感期和关键时的疏忽和伤害，不在伤口撒盐，以免留下人生债务让彼此不共戴天。

受伤最痛的一方更需自省。恋爱婚姻，磨合纠错最好在孩子生育之前多做功课。伴侣之间不契合不舒心，有了孩子，即使投鼠忌器，百般克制，毕竟愤懑无奈，日久艰难。

　　没有快乐的伴侣关系，如何能够珍惜孩子。身体有机能，一时有兴致，就这样胆大妄为做了父母。

如果

在怀孕快满三个月的时候,女友来约她散步。贪恋初夏的原野景色,中午很热才回家,感冒了。那些医生,仿佛很敬畏一个孕妇,礼貌劝走她,不给药。

回家喝水,感冒持续十天。除了担心影响胎儿器官发育就是追悔:如果女友生过孩子,如果女友和自己更相生不相克,如果身边有母亲或姐姐,如果伴侣更关心行踪有个提醒,如果有更多关于做母亲的常识和修养,如果自己更有自律和克制,如果……

坚韧

中年男人站在她家对门说："我不急着装修房子，等你们都住安稳了，我再来吵你们。"

他说到做到。她怀孕六七个月的时候，对门开始动工。

想尽各种办法，终究无法在家里待着忍受那恐怖的电钻声。室外天气已经寒凉，被胎儿压迫又需要不断上洗手间，补充饮食，早上八点到下午六点，要在室外打发时间，实在太难。去咖啡厅、茶室，那些地方，烟味缭绕，麻将喧闹。对门房主说，装修不能暂缓，他家有四五套空房子，都是刚装修好的，让孕妇随便挑一套来住。

孩子出生三天做听力筛查，说他重度耳聋。她一遍一遍回想，先兆流产，感冒和邻居装修，究竟哪个因素在孩子发育过程中损伤了他的听力。绝望心情中，她除了责备自己，还责备朋友、伴侣、邻居与上天。

痛苦一步一步毁灭一个人的客观与厚道，这种无法保全自己内心健康的感受，事后心有余悸。幸好，最后是虚惊一场，内心又慢慢复原。经历了这样的痛楚和劫后余生，除了感谢神明，对人间的容让之心就更加滋生，遇到胆怯、冷漠、多疑、刻薄、傲慢、愤怒等种种不愉快人生，她会想，所来何由？

其人曾与不幸短兵相接吧？至此还未复原。至于人间那些遭遇悲痛和不幸，依然灵魂光洁、容颜和蔼之人，她不知其坚韧超越来自何处，内心由衷敬服。

敏感

　　她有一个鹤立人中的漂亮的女儿。怀上女儿时，在公共汽车上看到一张喜欢的明星照片，她就总去坐那趟车看那张照片。她说，女儿的漂亮和那张照片有关系，但凡和孩子有关的，没有副作用可能带来好处的建议都要听；有可能带来负面影响的事情要想法避免掉。

　　生儿子时，她竟疏忽了。陪另一城市来的女友去音像店找前卫电影，凭直觉买回一张碟。看了开头，才知道那是一部揭露邪恶的艺术电影。在怀孕的单调疲倦生活中，任性好奇助长了鲁莽之勇。孩子渐长，她会莫名其妙想起那部邪恶电影，害怕邪恶的阴影投射在孩子四周。怀孕期间，又曾遭遇家人不和，深夜打电话让她调解，给她造成疲惫和沮丧。孩子生了十年，也挥之不去。

　　也许，孕妇的身心特别敏感，美丑两面的事情都易给她留下深刻的印象，并且，她还会在不同情况下不由自主放大这些事物的影响。

付出

受教育，忙工作，怀孕了，才脱轨回了家，想趁机孝顺父母，尽人子之责，她把父母公婆接到身边。理想主义者面临的勇敢奉献和自我牺牲，原来不适合孕期来做。

一家六口要出门，三位老者，伴侣、胎儿和自己。

公婆晕轿车，只能坐公共汽车。要照顾三位不熟悉城市生活的老人。上车，下车，照顾三位老人下车，公车已等太久，正要关门，差点夹了她的肚子。

三位质朴老父母，千里迢迢，一路辛苦，来到都市笼子一样的家中，与儿女不融洽的生活习惯，周遭一切的陌生，身体不好，不能随心所欲，他们也只因贪恋一点亲情，勇敢奉献和自我牺牲。

而她，暗藏的洁癖，心里的伤痕，远离原生家庭是她离乡背井的动力。刻意弥补亲情，与父母在一百平米的屋檐下短兵相接，在人事不亲和的都市放牧乡村亲人，克服孕期各种不适，几近自虐的付出，仿佛冻伤，当时不觉。

神伤

这是阶层出身、实用主义和独当一面对她的报复。

怀孕期、哺乳期，心力、体力和财力不宽裕，她未置办合体的衣服。想一想，阶段性的身体膨胀，就胡乱对待过去。

那竟是一段会常常回忆的重要岁月，独自默想，翻开相册，她心中眼中，无一处优美雅致的风光。包裹在那些潦草、黯淡、不合体的四季衣服下面的身体，像贝壳在孕育珍珠，像椰子树在蓄养乳汁。母亲的形式，如此令她神伤。她没有机会生育第二个孩子治愈自己。

她看到朋友的孕期艺术照，听说拍摄时刻那洋溢爱情的感觉。那是美的极致，她终得安慰，至少世间已有母亲，得到如此呵护，献出一个范本。

她的出身，来自"活着"的阶层，实用主义根深蒂固，因陋就简便是习俗。雌雄同体以弱逞强的，是又当儿又当女，又当爹又当妈的人，是新婚夜不得已自己掀开盖头的女人，是嫌教皇动作犹豫自己戴上皇冠的拿破仑。

她是花木兰，又是穆桂英。妇女的苦难深，战士的责任大。

余悸

生下孩子，如释重负，过于疲惫。静静躺在那里，医生说缝合会阴伤口。那时才知道，此前剪破了会阴口，以免不规则撕裂，还要重新缝合。产前阵痛，已经麻木了的母体，身体变成了一块布料，可剪可缝，毫无痛觉。

一直没有衣服给她穿。产床上被裸露的不舒服感觉这时候也清醒过来。她被捂在厚厚的被子里，被推到走廊打点滴，赤裸的肩膀感觉寒冷。没有力气对护士提出任何要求。

回到大病房。伴侣说，他在产房门口等了九个小时，以为她完蛋了。

别的妈妈身边都有孩子，她的孩子没有来。她让伴侣去要孩子。一会儿，她的儿子被要回来了。护士告诉他们一切正常，阿氏评分是满分。

她问先生，确信是我们的孩子吗？他说，护士抱着孩子走出产房门的时候，叫了他的名字，让他看了一眼孩子，他看见孩子脸色发紫。

说到孩子脸上发紫。她想，假如不叫医生帮帮她使劲，孩子更久憋在产道里，会出现多可怕的后果呢？有些脑瘫儿，有些失明或者窒息的孩子，就是在产道缺氧过了临界点。

从此，她意识到：做母亲的人，不能被动和退缩，主动把握局面，才能保护孩子。母亲必须清醒地对自己负责，而不是仅仅把自己交给别人。

她遗憾自己性情不够坚韧稳静，待产时因疼痛大声哭叫，提前消耗了自己的体力，上了产床就没有力气了。她也伤感，与母亲的不亲密、伴侣忙于养家重担，未能深切介入更多环节，她独自顾此失彼；既未能从其他过来人、任何书中得到这种关键细节的提醒，也未从护士、医生、产前培训师那里得到要点的专业指引——她让孩子和自己差点陷入危险的绝境。

意外

孩子出生三天，做例行听力筛查，被疑为听力障碍。她心里一沉，房间里六个婴儿，有四个是这种情况，她又怀着侥幸的心理认为是检测有误。

那种感觉，就像不认识炸弹的人，看到自己面前被扔来一个冒烟的球，本能地感到害怕，在自己被炸成碎片之前，更多的是奇怪和疑惑。就是怀着这个隐约的疑虑回到家，等待医院约定的42天复查。

复查结果，被告知，孩子是重度听力障碍。这意味着孩子的语言智力甚至身体发育都会受到影响。别人的生命从零开始，而他即使终生努力，连零都达不到。树叶被风吹动的声音孩子听不到，想到这一点，她肝肠寸断。

先是觉得荒谬，号啕大哭之后是沉默和强迫进食。头三个月的沉默中，她的眼睛变成了拧不紧的水龙头。为了孩子有奶吃，她常常是泪水拌饭。凡是为人母者都能够体会，孩子有磨难的时候，母亲第一想的是，哪怕自己粉身碎骨，只要对孩子有助。那个时候的她，连粉身碎骨的选择都没有，吃不下饭，最对不起孩子，他只吃母乳，她伤心就断了他的口粮了。

去儿童医院、聋儿康复中心就诊，希望推翻结论，唯一的结论是，重度听力障碍。

一个健康婴儿遇到的任何家常问题，在她这里都变得格外严重。害怕孩子感冒，害怕他拉肚子，害怕一滴眼泪进了孩子的耳朵，担心任何不慎影响残余听力。脸上长点婴儿湿疹，似乎都是致命的。中国残联专家万选蓉也是一个聋儿的母亲，她对她说，这孩子已经够不容易的了，再不要让他有任何不好，哪怕磕一下，留点伤痕。

家里有棱角的家具都处理了，客厅只剩下一组布艺沙发。床也送了人，就在木地板上铺床垫和被子。

她的人生布局也和家居布置一样，因孩子的意外彻底发生了改变。停止办理移民国外的手续，接着是辞掉了工作，决定做一个全职妈妈，负担起孩子的全面教育。她希望通过越早越好的干预，让孩子学会说话，聋而不哑。

妇产医院的新生儿听力筛查，就是为了及早发现听力有障碍的孩子，再及时进行后天教育的挽救。日本学者甚至认为，晚上发现孩子有听力问题，第二天早上就要送到相关机构去治疗和培训。

她决定去学习哑语和聋儿康复教育课程，去从事弱势人群的心理关怀。好长一段时间里，她剩下的唯一身份，就是一个不幸孩子的母亲——如果他特别需要阳光，她就是他一个人的太阳。她决心帮助孩子接受自己，学到知识和技能，能够独立。伴侣的目标是要为孩子买足够多的保险，给他一份家业。他觉得残疾人的尊严建设很难，首先是要让他衣食无忧，老病不愁。

夫妻一起锻炼身体，比以往任何时候都重视自身和对方。他们是孩子的梯子，自己更高，孩子就会有更大的视野。他们更迫切需要足够长的寿命和健康岁月，要看到孩子找到他今生的伴侣，看到孩子的后代成长起来，有人从他们手中接力去帮助他，爱他。有时候，她和伴侣又觉得内疚，担心对不住孩子，怕把他想得太需要帮助了。

呼唤

被告知他们的孩子有听力问题，家长不能相信医生的话，坚信孩子没问题。到孩子四岁还没有学会说话，家长才后悔莫及。

有一对老夫妇，和"聋儿妈妈"同病相怜，带她到他家看他们孙子不幸的人生状态，又到她家劝她，一定要注意尊重医生的意见，不要耽误了孩子。孩子的听力问题必须早确定早干预，也就是说，孩子听力真有问题，就需要根据情况，及早佩戴合适的助听器，使他接受声音刺激，半岁前的干预是非常重要的，否则，他的语言发育和智力发育都要受影响。

专家告诉她，对小婴儿，任何结论都不宜过早，要特别谨慎，不能轻易下结论，仪器也可能有误差，对听力曲线的判断，实验时候的各个小环节都和医生的判断有关系。孩子太小，有些问题是发展性的，还要从行为上去做持续观测。

行为观测并不稳定，孩子六个月之前，即使是最有经验的专家，观察三个月，也不敢确定孩子有没有问题。有些情况，等到一岁左右就自然见分晓了。

　　要弄清孩子听力有没有问题，只能等待他长大到可以对声音有表达，或对声音的反应有明确的行为能力之后。在他只会吃奶，只会睡觉和哭的时候，仪器的检测成了主要手段。

　　随着孩子的成长，行为观测也越来越准确。专家对孩子的诊断变为中度或者轻度的听力障碍。到他五个月时，仪器检测还是没有获得正常数据，从行为观测来看，又找不到孩子听不见的证据。

　　当门被风吹上，正在四五米远的沙发上吃奶的孩子被吓得哇哇大哭时，她却欣喜流泪。呼唤孩子，一遍又一遍，摇小铃，敲小鼓，看孩子是否转头，是否眨眼，是否出现拥抱反射，正在吃奶是否停下来。用比专家更严格的方式来不停测试孩子的听力。绝对不让他看见发声的玩具，不让他感觉到说话时口中的气流，把声音控制在日常大小，或者稍大一点，或者说悄悄话。

专家逐渐说出的新的结论是，即使孩子有问题，也不是大不了的问题，也许他就是听不见悄悄话而已，对于他的生活，什么都不影响。

还是继续寻访国内的专家，在网上查询一切有关的东西。朋友到中国聋儿康复中心给她买来了很多参考书，比较孩子裸耳听力和佩戴助听器稍微放大声音后的听力反应。

专家出于谨慎，只给了孩子很小的声音放大，孩子却没有办法听普通的生活声音。把声音调低到不能再低了，正常人都能承受的范围了，孩子还是容易被吓得哇哇大哭，惊恐地眨眼。在家里放餐具要轻轻地，说话要控制音量。又去找专家，专家给做行为测听，先是在戴助听器的情形下，给小声音，专家说，反应很好，这个时候才发现，助听器根本还没有打开。又去用仪器检查，但是，还是通不过仪器。

被建议继续做行为观测。一个很准确的方法就是在孩子睡着的时候，如果能够小声叫醒，表明孩子听力没有问题。

看着孩子熟睡，实在不忍心打断他的美梦。

还是狠心地一次次把他从梦中叫醒了，却仍然担心孩子刚好要醒来，而不是被叫醒的。

新认识一位极重度听力障碍女孩的母亲，对她说：难道二十次也是巧合吗？她的女儿就没有那种巧合。为更准确判断孩子的听力情况，全家就设计了各种方法来测试孩子的听力，确保他的反应是纯粹由声音引起的。她抱着孩子和一位妈妈说话，孩子爸爸靠近在她背后轻轻叫了一声儿子，孩子立刻回头去找，那位和她说话的妈妈说："噫，你儿子挺灵的。"

她和爱人反复分析这个案例。邻居不知情，无意说出的话是客观的。回想，孩子一定没有看见爸爸靠近。爸爸身上也没有气味。又试验，悄悄靠近，不发声，爸爸在后面站立很久，孩子也并不回头。

对声音反应很好的例子越来越多。各种情形下，一遍一遍呼唤孩子成了家人的习惯。全家人都有了强迫症。孩子十个月前后，家人停止了呼唤，对他说各种东西的名称。说完之后，孩子就会转头去找。地上的玩具，比如小狗，话音刚落，他就爬过去，用脸亲一下小狗。说球球，他就去把球抱起来。有时候，害怕孩子是唇读的天才，为了测试准确性，还捂着嘴巴小声对孩子发指令，孩子做法如常，她就开心笑起来。

　　偶尔，她会躲到洗手间去，劫后逃生的感觉使她泪如泉涌。面对孩子纯洁无辜的笑脸，听着他一遍遍叫爸爸妈妈，她又哭又笑他怎么理解？

　　她明白幸与不幸，实在只是在一面薄薄的刀锋两边。爱，在那一千遍一万遍的呼唤中，帮助孩子和全家度过了被命运戏弄的日子。

　　在备受煎熬的十个月后，她的生活重新回到正常状态。朋友劝她状告医院，医院诊断不准确，让全家和孩子承受了那么人的精神折磨与生活改变。她说："因为这件事情，我才看见了并感受过另外一个不幸的无声世界，很多聋哑儿童家庭的挣扎，以及对更多不幸的感知。为要尽早发现那些不幸的孩子，并进行挽救，才做例行筛查。从中逃脱，已是万幸。

噩梦过去了。回想那段日子，她的眼泪不知会在哪个细节浮现的时候流出来。

又过了些年，孩子逐渐长大，她重病几年，中医告诉她，因由之一，是产后恢复不好，身体根基受损。

紧张

儿童医院脑干测试室，那位女医生对患儿恶狠狠，动作粗鲁，留给她无法消除的记忆。

专家私人诊所，给疑似听力障碍的孩子做检测，在调整好声音之前就误开了助听器，孩子吓得蜷缩成一团。在另一次测试中，孩子吓得拉了满身大便——他的大便很规律，紧张造成反常。

朋友的母亲，知道她的孩子被医院误诊听力障碍的事情，也知道一切都过去了。但老太太还是出其不意地在孩子耳朵后面重重地拍掌，把孩子吓得哇哇大哭。这像一个脚印留在她的心口上。

助听器和行为观测实验造成的高分贝声音，对孩子会导致神经的伤害。被误诊的孩子，尤其容易受损。她的孩子已经不可避免地承受了过度的声音折磨。在他十岁之前，他惧怕过年的鞭炮和所有儿童游乐活动中的气球爆破声，以及各种不温柔的声音。

逃脱

孩子天天出现新气象，他是正常孩子——这是多么无与伦比的喜悦。

她下班回来站在家门口，一边从锁孔里往外抽钥匙，一边说："儿子，妈妈回来了。"孩子从玩具堆里转过头，站起来，向门口走去，她的眼泪就掉下来。

一位聋孩子的妈妈写过一个故事，她忘了带家门的钥匙，女儿就背坐在玻璃窗下面，无论妈妈怎么敲窗户，女儿都听不见。妈妈只好一直站在窗户边上，等到快天黑，女儿偶然回头看见妈妈，妈妈才回到屋里，抱着女儿大哭一场。

夏天黄昏，在小区里散步，她躲藏在宝塔树后面，轻轻呼唤孩子的名字，他顺着声音找到她，她把他抱在怀里，会不由自主沉默好久，想象曾经以为成了定局的可怕生活。

有时候，站在拥挤的地铁车厢里，她知道在预定的时间，会回到家里，听孩子和她说话，心中仿佛淌过一道清流。她憧憬孩子可以上普通幼儿园，上普通中小学的生活。

那位极重度听力障碍女孩的母亲，给她和孩子很多关心，她的孩子离开了那个无声世界。但那位母亲，一直陪着女儿留在那里，其丈夫因无法承受痛苦，在孩子治疗期间，移情别恋，离开了母女。那位母亲自己也病痛缠身。

在她内心深处，那位极重度听力障碍女孩和她的母亲，时时浮现面容——她愿她们安好。

3月3日是爱耳日。3像耳朵，爱耳日定在3月3。

以前，她只是知道歌唱"又是一年三月三，风筝飞满天"。后来知道，每年中国有3万听力障碍孩子出生。她是从那个世界逃出来的，深知世界有很多残疾，很多家庭和个人一生都在为一个负数奋斗。

她无法忘记，给她的误诊孩了治疗期间，中国残联巴重惠教授的慈母情怀、医道仁心。她慎重又慎重，为给孩子准确测试，还做家访医生，陪伴地狱中的父母儿童，走在负数人群中。

自责

母亲们给幼儿断奶，大多十分为难，有的母亲还要和孩子一起大哭一场。她没有遇到这些，经历的却是另一番惆怅。

自然给孩子哺乳，想象中应该是一岁左右断奶。

孩子半岁前后，她有点想恢复自己的生活，心里至少是有这个愿望的。孩子八个月的一天黄昏，她在凉快些的北屋阳台给孩子喂奶，他吃了几口，突然就不吃了。此后，也不吃了。

她的儿子就这样轻易断奶了。

孩子断奶后，她看到动物学家说，如果母亲在给孩子哺乳的时候，三心二意，牵挂别的事情，会被敏感的婴儿觉察，从而主动拒绝吃奶。这件事情，她无法核实真相，不免责备自己错失的虔诚和静心。

孩子断奶，是母亲分娩之后，第二次身心解放。

年幼的孩子，容易生病，还是紧紧束缚着母亲的身心。孩子一点点小病，也慌忙跑医院，孩子稍大些，再生病，就从容些了。有时候，根据经验，或咨询一下其他母亲和做医生的朋友，到小区的药店买点药吃，孩子就好了。这样，孩子免于抽血化验等例行手续，也免于奔波到医院。

孩子再大些，不再容易生病，母亲的身心获得第三阶段的解放。

过失

没有什么比因为不成熟、不会爱，给人造成的事后追悔更沉重无奈了。

孩子过几天就要上幼儿园了，他第一次背着小书包，很兴奋。

她每天起床很早，中午也不能午休，到了傍晚人就很疲倦了。孩子动作迅猛，她担心自己到室外看不住他，特意叫了保姆雪莲姐姐一起。到了小公园，孩子和保姆雪莲姐姐玩得很好，她和亲戚站在旁边说话。有人来找保姆雪莲姐姐说话。她心想，就让小姑娘和朋友好好聊天吧，孩子自己来管。

她带着孩子一边走一边玩。孩子在广场上像平常那样跑起圆圈来。她正在想是否制止他的时候，有一句话没有和亲戚说完。就在这时，孩子扑在了地上。背着书包，他的手无法灵活地保护自己，磕掉了一颗牙，另一颗牙也摇摇欲坠，嘴唇也破了。

孩子万分恐惧于医院的手术处理。她的心也被揪出来了。想到他等到五岁之后才能换牙，至少两年都不方便饮食和发音……

几年，她一直小心，总是对保姆强调，和孩子在一起只能做一件事情。她自己在头脑不清醒的时候，一边说话，一边看孩子。

孩子以前生病不多，牙磕掉之后，又在适应幼儿园的生活，孩子就老生病，一生病就发烧。孩子本来就偏瘦小，到了可以自由吃各种东西的年龄，他的牙又被磕掉了。她真是不知道该怎么责备自己。爸爸说，他的儿子，本来是个英俊的阳光男孩，牙一磕掉……

无法免于自责的她，只要看到哪位母亲的孩子没有磕掉过门牙，就是她仰慕钦佩的对象。

追悔

她打过孩子。等她成熟到足够温柔，她只能心平气和地承受追悔。

她的闺蜜，是单亲妈妈，那种艰辛，她都从未打过孩子。她说，孩子怎么可以打呢。另一位闺蜜，自己平常很任性，也从来没有打过孩子，她说，自己身上掉下来的肉，如何能够下手呢。

共存

伴侣之间生活细节不合拍，孩子也像爸爸，他们天然拥有沉默美学，显现沉思风格，都有能力沉迷在自我世界，形成强大的闭环，仿佛"盔甲骑士"。

她像绿色蔓菁上跳跃的红花，喜欢热烈温柔，窃窃私语，期待爱者如影随形，相处专注。缠绕之美，分享与分担生命巨细的快乐，才符合她对人间温情的期待。

有时候夫妻吵几句，孩子就担心父母会离婚。

孩子曾说他不结婚，要"断背"。她问他为什么要"断背"？他说："断辈"，就是"断代"的意思。问他为什么，回答说，因为有时候，看到爸爸妈妈争吵，听到还有的爸爸妈妈在法庭上闹离婚，他就不想结婚生孩子。

"竹子的神奇之处就在于，不管这一株竹子是什么时候发的笋，即使刚发出米，如果母竹的年限到了，就会死掉。所有母竹上生出的竹子寿命都取决于那一棵母竹。"

人类的境况呢？父母的关系，对于孩子的幸福，是否类似母竹与子竹呢？

后记与致谢

从《纯棉时代·感动》到《纯棉时代·亲爱》，中间隔了10年。

这10年，我的儿子赵卿与，由3岁到了13岁，以九级优秀通过了中央音乐学院钢琴考试，成了一名初中生，可以自己带钥匙进出家门，把更多自由还给了父母。

这10年，我的丈夫赵洪云，由工程师变成了业余畅销书作者，出版了《爸爸与小孩》（1-2）；由陪儿子学钢琴的爸爸，变成了"贝多钢琴学习陪练机"发明专利的主人，有了可以造福人群的技艺产品，以此人生转型。

这10年，我的父母更老了，我的父亲过了80大寿，我的一个兄弟，被癌症击倒了。

这10年，我的老师，有的进了养老院，有的退休了，有的快要退休了。

这10年，我的朋友，有的近了，有的远了，有的再也联系不上了。

我自己呢？走过了漫漫的内心之路，继续我的"纯棉时代"。

2004年秋冬，《女友》集团我的前同事宁朵来北京时，她先生赵伟也在清华大学学习，我的三本散文集正在人民文学出版社陈阳春手中编辑，在清华南门咖啡厅，赵伟问我，自我印象可以用什么物质或者名词来对应，我说是"棉，纯棉"。于是就有了2005年的"纯棉时代·感动"书系。在此感谢赵伟夫妇和陈阳春等诸位。

2014年夏，经由方兴东、薛芳，我与中国发展社编辑马英华认识，又经她认识该社资深编辑徐瑞芳女士、副总编辑尚元经先生、社长包月阳先生等。于是，有了2015年的"纯棉时代·亲爱"书系。在此感谢中国发展社诸位，感谢海云先生的封面设计，艺术家周丽女士、许英辉先生特供的画作。

2014年，对于我是"生命历史"年份。"心灵事件"引起的内心风暴，一极是乐，一极是苦，因其极极而显得十分漫长，容我得以完成内在生命的翻山越岭。

其间，感谢方兴东、王俊秀、陈晓兰、张洁宇、刘丹、陈焱、马浩楠、冉孟灵、向平等朋友给予我的情义。

感谢给我选择自由的赵洪云，感谢给我未来期待的赵卿与。感谢喜欢十字绣和做饭的侄女赵妤。感谢不再轻易打扰我的家人。

写作，是没有清泉时泪水泡的茶，是没有知己时独饮的酒，是没有爱人时爱情显的灵。这是一种秘密的自我治疗，是亏欠的偿还，多得的转馈，褫夺的回归，暗伤的慰藉，极乐的私享，恨晚的时光倒流，追悔的未曾发生。

敬谢给我写作指引和建言的汪丁丁、陈平原、曹文轩、吴晓东、吴伯凡、李炳青等师友。

敬谢此次为三本小书作序的导师温儒敏教授，师姐高秀芹、邵燕君，以及师妹马英华。

2015年1月31日